사색의 고요 너머

사색의 고요 너머

초판 1쇄 인쇄 | 2021년 11월 24일
지은이 | 고성현
펴낸이 | 이재욱(필명:이승훈)
펴낸곳 | 도서출판 수필in
주　소 | 서울 영등포구 경인로82길 3-4(문래동1가 39)
　　　　센터플러스빌딩 1004호(우편07371)
전 화 | 02-2612-5552
팩 스 | 02-2688-5568
E-mail | jlee5059@hanmail.net

등록번호　제2021-000164
등록일자　2021년 10월 6일

ISBN　979-11-976282-2-1

사색의 고요 너머

고성현 수필집

숲을 가만히 응시한다.
나뭇결과 생김새가 고스란히 남아있다.
숲은 아주 작고 세세한 결조차 고스란히 담고 있다.
숲은 이전의 나무가 어떻게 살았는지 증명한다.

수필in

책머리에

글로 표현하는 것만으로도
내 삶이 더 단단해져

　수필은 중년 이후의 글이며, 여유 있는 사람들의 글이라고 생각했다. 나이는 불혹을 넘어섰지만 여유와는 거리가 멀었다. 하고 싶은 말이 있어서 글을 쓰지만 신변잡기 이야기는 지양하려고 했다. 그러나 수필은 어쩔 수 없이 자기 고백의 글이다. 겸연쩍지만 개인적 삶과 역사를 이야기하지 않을 도리가 없다. 조심스럽게 때로는 과감하게 이야기를 꺼내 놓았다. 과거와 유년의 강렬한 경험들을 이야기하지만, 마냥 어둡지 않다고 믿는다. 햇볕에 마음을 소독하는 심정으로 글을 썼기 때문이다. 바람이 자신을 지나가도록 맡긴다는 마음으로 쓴 기록들도 제법 있다.

　글을 쓰면서 학업을 병행했다. 덕분에 일을 할 수 있게 되었다. 교육학을 9년 동안 전공한 바람에 상담심리와 교육철학을 오래 접했다. 하는 일도 그쪽이다. 그런 연유로 심리와 철학에 대한 언급이 제법 될 성싶다.

  글을 쓰기 시작한 지 어느새 십 년이 넘었다. 그동안 쓴 글이 꽤 된다. 여러 편을 추려 어떤 글들은 그대로 두었고, 어떤 글들은 다듬었다. 관점은 글을 쓴 시점에 그대로 두었다. 처음 엮는 책이니 너그럽게 보아주시기를 바라지만, 부족한 문장과 짜임은 감출 도리가 없다.

  다행인 것은 글을 쓰기 전인 십여 년 전보다 삶이 훨씬 나아졌다는 것이다. 글로 표현하는 것만으로도 내 삶이 더 단단해졌다. 앞으로 더 나은 글을 쓸 수 있으리라는 희망을 놓지 않는다.

  글을 엮기 위해 과거를 돌아보니 현재를 온전히 즐겁게 살아내고 싶은 마음이 더 커졌다. 나름 수확이다.

  정성껏 책을 만들어준 해드림출판사 이승훈 대표께 마음 깊이 감사드린다.

목차

저자의 말 4

part 1 어린 날들과 조우

마당의 미학 12
숯 17
아주 가벼운 여행 22
아버지 27
족보 34
신발 39
구설수 43
쌀밥 한 그릇 48
울어도 괜찮아 52

part 2 푸른 듯 푸르지 않은 날들

새들처럼 59
오래된 편지 63
그까짓 것 68
명절 보고서 73
물집 79
자유를 향한 길 83
감성 공부 88
도서관 향기 93
바보예찬 97

part 3 아픔일까, 그리움일까

감이 있는 풍경 104
시장에서 109
귀고리 한 짝 115
여우와 곰 120
봄꽃 같은 사람들 125
어머니의 산, 지리산 129
지리산 종주 134
기저귀 140
공명 145
김장을 하다가 149

part 4 사색 그 고요 너머

은행나무 아래에 서서 160

가을비 164

담쟁이 168

걷기 좋은 길 173

초승달 178

매미를 보내며 182

대나무 숲 같은 사회를 꿈꾸며 186

바람 191

완장 195

심플(Simple)-기생충을 보고 201

맹목(盲目)-율곡으로 맹목을 꾸짖다. 205

    맹목에 빠지는 것은 205

    맹목에 빠지지 않으려면 209

    학문과 사상의 형성과정을 살피면 어떨까 211

    맹목을 강요받았던 시대에 맹목에 빠지지 않았던 학자 율곡 218

    에필로그 225

part 5 나에게로의 여행

마음속 돌 하나 231

마음속의 아이 235

낡은 것들과의 이별 240

동안거(冬安居) 245

학교를 마치며 249

2020년 254

구업口業 258

흠허물 없는 사이 264

좋아하는 사람이 생겼냐고요? 269

part 1

어린 낯들과 조우

마당의 미학

 고향집 마당은 비어있다. 아버지 없는 집에서 혼자 스물일곱 해를 사셨던 어머니마저 떠나자 집이 비었고, 마당도 비었다. 고아가 되어 처음 맞는 명절은 쓸쓸하기 그지없었다. 성묘를 마치고 아궁이에 장작을 아무리 넣어도 묵혀둔 방의 냉기가 쉬이 가시질 않았다. 결국 동기들과 따뜻한 햇볕이 내려앉은 마당에서 커피 한 잔씩 마시고 서성이다 돌아왔다.
 마당은 어느 집에나 있지만 어떤 마당도 같지 않다. 생김새도 분위기도 바깥 모습과 안의 모습이 같은 마당은 없다. 식구들이 다른 것처럼 마당도 가지각색이다.
 마당은 본디 삶의 활동 대부분이 이루어지던 공간이다. 농가의 마당은 안채보다 넓은 공간을 차지하기 마련이다. 보내는 시간도 하는 일도 안채에 비해 결코 모자라지 않았다. 마당에서 이른 새벽부터 늦은 밤까지 일하고 한숨 돌리고 서성이며 놀고 이웃을 만났다.

유년의 마당은 생동감이 가득했다. 다 큰 닭들이 돌아다니고, 노란 병아리가 무리 지어 놀았다. 까만 몸집을 가진 돼지는 큰 덩치로 좁은 우리에서 무던히도 잘 지냈으며, 누렁이 어미 소는 커다란 순한 눈으로 외양간을 지켰고 송아지는 누렁이한테서 떨어질 줄 몰랐다. 마당 한쪽에는 볏가리든 볏짚 가리든 쌓여있고, 나뭇단과 거름더미도 각기 자리가 있었다. 이른 봄, 마당가에서 볍씨를 골라 싹 틔우고, 초여름이면 곤혹스럽게 까끌까끌한 보리타작을 하고, 가을이면 콩이며 깨며 벼를 탈곡했다. 평상에서 먹던 여름밤의 칼국수며 가을밤의 호박죽이 흑백사진처럼 아련하다.

매일 아침 마당을 깨끗하게 쓸어내는 것은 매일 아침 얼굴을 씻는 것만큼 당연한 일과였다. 예닐곱 살 무렵, 마당을 꼼꼼하게 빗질한다고 큰고모님이랑 여러 어르신들이 칭찬하던 일이 선하다.

마당은 역동적인 공간이다. 마당은 지극히 사적이며 사소한 삶의 현장이기도 하고, 지신밟기와 관혼상제가 공공연히 벌어져 지극히 성스러운 공간이 되기도 하였다.

이웃집 마당에서의 혼례식은 따뜻하면서도 흥겨웠고 들썩이면서도 경건한 기운이 온 마당에 넘쳐났다. 마당으로 가마가 들어섰고 마당을 빙 둘러싼 마을 사람들은 평생 한 번의 엄중한 대사에 엄숙한 증인이 되었다. 정월 대보름이면 마을 어른들이 꽹과리와 장구를 두드리며 마당에서 지신밟기를 했다. 신명나게 동네의 안녕을 빌었다.

6학년 초겨울에는 마당을 쓸고 차일을 쳤다. 아버지의 장례식이 있었다. 일가친척들과 동네 사람들로 마당은 슬픔만큼이나 꽉 찼다. 첫 번째 기제사 전에는 마당에서 유월 유두(流頭)며 칠월 백중(伯仲)이며 팔월 한가위에 아버지의 제사를 지냈다. 작은아버지들이 아버지의 자리를 정성스럽게 준비하기 위해 차일을 치고 멍석을 깔면 마당은 온전히 아버지를 기리는 자리가 되었다.

할머니는 행여 우리가 배앓이를 하거나 두드러기가 나면 짚불로 몸을 쓸어주고 나서 마당 끝에서 객귀물리는 의식을 했다. 얼른 낫게 해달라는 주문을 외우고 칼을 던져 땅에 세운 후 바가지를 칼 위에 씌웠다. 우리 집에서 가장 어른이자 힘이 센 할머니가 나을 거라고 하면 금방 낫는 것 같았다.

엄마의 회갑연을 할 때는 십오 년 만에 마당 가득 일가친척이 넘쳐났다. 마당이 좁아서 마당에 이어진 논까지 음식과 웃음과 안부와 반가움이 가득했다. 음식과 술과 유쾌함으로 떠들썩했다. 고향집에 그보다 사람이 많이 모인 적은 없었다. 나는 일주일 전부터 큰아들과 돌이 안 된 작은아들을 데리고 가서 청소를 시작으로 회갑연 준비를 거들었다. 엄마 혼자 회갑잔치 준비하기 쓸쓸할까 봐. 회갑연이 끝나고 사람들이 썰물처럼 사라지고 나면 엄마가 허전할까 봐 이틀을 더 머무르다 나왔다.

마당은 밀실과 광장 사이의 연결통로이고, 안채와 마을 사이에서 한 박자 쉼이며, 들과 방 사이의 안전거리이며, 사적인 공간과 공적인 공간 사이의 여유이며, 지친 몸과 마음을 추스르는 곳이다.

마을과 집 사이의 마당은 기를 부드럽게 조절하여 안과 밖이 조화를 이루게 한다. 대문은 열어두고 담장은 보일 듯 말 듯 둘러친 마음 쏨쏨이가 새롭게 다가온다.

요즈음, 나는 마당을 잃어버렸다. 마당을 잃은 나는 바깥에서 돌아올 때 숨 고르기 할 공간도 잃고, 안전거리를 잃었으며, 여유와 즐거움도 덩달아 덜어내고 말았다. 광장에서의 활기와 또는 헛헛함을 중화시킬 수 있는 장소를 잃었다. 사회와 개인 사이의 공존의 마당과 여유를 잃었다.

마당에서의 재미와 유용함과 편리함을 알 수 없는 아이들은 인터넷에서 마당을 만들려고 한다. 인터넷은 마당으로서 어느 정도 역할을 할 수도 있겠는데 그 경계가 너무나 약하다. 익명성이라는 밀실과 무한 광장의 경계가 쉽게 뚫린다. 그리하여 인터넷은 온전한 마당일 수 없다. 열림과 닫힘의 적절한 수위, 지나침과 모자람 사이의 중용, 드러냄과 감춤 사이의 미학, 중용의 미덕이 가장 잘 드러난 마당이 사라진 지금, 현대인은 누구나 위태롭다.

마당이 사라지자 우리들의 신명이 사라지고, 가족 단위의 일도 멀어졌다. 사람을 만나는 것도 거실이라는 사적 영역으로 들어가거나, 아예 집 바깥의 찻집이나 밥집으로 나가게 되어 공적이고 사회적인 만남이 되곤 한다. 가깝지도 멀지도 않은 적절한 거리에서의 역동적인 삶의 현장이 그립다.

마당 있는 집에서 유년 시절을 보낸 사람들은 언젠가 마당 있는 집으로 돌아갈 꿈을 꾼다. 광장과 밀실 사이의 맞춤한 곳, 부드러운 소통이 열려 있는 곳, 아련하면서 따뜻했고 또 시원하면서 여유로웠던 편안한 마당을 소망한다.

오래도록 텅하니 비어 있던 마당에 가족들이 가득 차는 날이 있다. 부모님 기일에 자매들이 모이는 것인데, 몇 번의 걸레질에도 집은 금방 생기를 찾는다. 집을 개조하면서 아궁이를 하나 남겨 둔 덕분에 장작을 한나절 이상 지피면 온 집에 온기가 돈다. 따뜻한 기운이 집안을 순환하면 덩달아 마당에 활기가 넘친다. 마당이 되살아난다. 마당은 삶의 희로애락을 받아주었고 그 정서를 여전히 간직하지만 무엇보다도 사람이 귀하다는 것을, 사람이 기쁨이라는 것을 안다.

(2010년)

숯

　숯을 가만히 응시한다. 나뭇결과 생김새가 고스란히 남아 있다. 숯은 아주 작고 세세한 결조차 고스란히 담고 있다. 숯은 이전의 나무가 어떻게 살았는지 증명한다.
　산중은 가을걷이가 끝나면 겨울 땔감 준비에 여념이 없었다. 유난히 해가 빨리 지는 산중에서 겨울 땔감은 양식만큼이나 중요했다. 아버지는 간간히 잡목을 베어놓거나 나무의 잔가지를 정리해두었고, 놉을 몇 명 얻어 장작나무를 했기 때문에 겨울이면 하루에 두어 다발의 나무를 하면 되었다. 아버지를 잃은 6학년 겨울부터는 한두 다발 나뭇단으로는 그날 두 아궁이에 불을 때기도 빠듯했다. 구월부터 오뉴월까지는 난방용 나무가 필요했고 조리용 나무는 사시사철 필요했으므로 가을걷이가 끝난 후에는 겨우내 소용되는 대로 쓰고도 다음해 겨울이 오기 전까지 쓸 나무를 해놓아야 했다. 그러니 겨울이면 하루에 열다섯 다발 가량 나무를 해야 했다. 나무가 흔한 산중이라지만 동네 모든 집들이 시간 나는 대로 땔감을 쌓아놓으므로 가까운 곳에서는 한꺼번에 나무를 많이 할 수 없었다. 마을에서 어느 정도 떨어진 산에 올라야 잡목이 많았다. 동리에서 제법 떨어진 산이라야 하루 종일 나무를 하면 열댓 다발이나 스무 다발도 할 수 있고, 날이면 날마다 나무를 해도 땔감용 나무가 모자라지 않았다. 엄마와 언니랑 함께 해발 450m인 운동산 정상 가까이 올라 오전에는 나무를 하다가, 한 다발씩 머리에 이고 집으로 내려와 마루에 걸터앉아 삶은 고구마를 먹고, 오후에는 엄마는 나무를 하고 언니랑 나는 대여섯 번씩 나무를 이어 날랐다. 대개 소나무 가지와 잡목은 단으로 묶어 머리에 인 채 한 손으로 참나무를 끌고 왔다. 참나무는 단단하고 무거워서 많이 일 수 없었기 때문에 나뭇짐을 인 걸음에 곁들여 끌고 오는 게 나았다.

  소나무는 옹이가 잘 박혔다. 나뭇가지가 뻗어 나온 자리는 굵은 근육처럼 나뭇결이 휘감아 돈다. 장작을 팰 때 옹이가 있으면 잘 쪼개지지 않는다.

  내 마음속 옹이들을 생각해 본다. 소나무처럼 굽이치는 커다란 옹이의 흔적을 가지고 있는지 참나무처럼 옹이의 흔적을 최대한 남기지 않고 단순하게 살아왔는지를 생각한다. '생채기 없는 영혼이 어디 있기나 할까' 싶지만 원하지 않았던 선택을 강요당했던 생채기가 회오리를 일으켜 오래 머문 까닭에 굵은 옹이가 마음속에 턱하니 자리하고 있다. 죽어야 끝날지 모르는 오래된 옹이는 끝내 풀리지 않을 한처럼 남아 마음 한쪽에 있다. 선택의 여지없는 길을 가야만 했던 아픔을 툴툴 털어버리지 못하고 어쩌면 고집스레 옹이를 바라보았는지 모른다. 치명적인 기회의 상실은 옹이가 되고, 옹이는 마음속에 회오리를 만들어 순간순간 휘청 흔들린다.

 참나무는 무겁고 단단하지만 장작패기는 수월하다. 나무의 결이 반듯하여 가지의 흔적을 많이 남기지 않는다. 그 단순하고도 명쾌함이 경쾌한 소리로 반듯하게 쪼개진다. 쓸 만한 숯은 곧고 단단한 참나무에서 주로 나온다. 참나무의 단단함과 경쾌한 직선이 마음을 끈다. 나도 경쾌해지고 싶지만 잘 되지 않는다.

 부엌 아궁이에서 불 때는 일은 샘에서 물 길어 이고 오는 일보다 쉬웠는데, 아침저녁으로 쌀쌀하거나 추울 때는 불 때는 일이 선물 같았다. 아궁이에 불을 지필 때 환하게 밝아오는 부엌은 정겹다. 잘 마른나무와 잘 놓은 아궁이와 구들장은 연기를 밖으로 품어내지 않는다. 가마솥에 밥물이 넘치면 뜸들일 열만 남기고 남은 불을 꺼내서 다른 아궁이에 넣거나 살짝 꺼내 아궁이 입구에 펴 놓는데 그 따스함과 빛의 조화가 편안하다. 숯은 몸을 다 태우고 마지막 열기로 고등어를 굽고, 밤과 고구마를 구웠다. 좋은 숯은 따로 꺼내서 물을 끼얹거나 재를 덮어 식혀서 모아 두고 요긴하게 썼다. 불순물을 다 태우고 온전하게 남은 정화물로 아버지의 두어 벌 두루마기를 다렸다.

정화된 숯은 간장독에 들어갔으며, 눈물 대신 금줄에 걸렸다. 딸만 내리 낳은 큰며느리인 엄마는 기를 펼 수 없었다. 숯은 딸의 표상이었다.

　모든 나무가 숯이 되는 것은 아니다. 나무가 단단해야 숯이 될 수 있는데 가벼운 가지나 잡목은 잔불이나 재가 될 뿐, 숯을 남기지 못한다. 사는 동안 화려하게 불꽃을 피우다가 고운 재만 남기고 마는 사람이 부지기수이며 불등걸처럼 타오르다 소진하고 마는 사람도 허다하다. 그런가 하면 역사와 문화의 큰 기둥 아래 오래도록 변함없이 단단한 숯으로 남은 사람들이 있다. 그 미세한 흔적마저 고스란히 증명하는 작품에서 그들은 존재한다. 선량했던 민초 하나하나의 삶이 응축되어 스며든 역사와 문화야말로 큰 덩어리의 숯인지 모를 일이다. 숯이 잔무늬조차 섬세하게 남기듯 문화 속의 자잘한 이야기와 하찮게 여겨지는 옛 것 속에서 그 흔적들이 고스란히 남았는지도 모른다.

　좋은 삶을 산 사람이 좋은 흔적을 남긴다. 정직한 삶, 윤리를 떠나지 않으려고 애쓰는 삶, 시간이 갈수록 지혜가 축적되고 사랑을 나누는 삶이 좋은 결과를 남길 것은 자명하다.

　숯을 보면서 사람을 생각한다. 숯이 그토록 정직하게 남아서 자신을 증명한다면 내가 증거로 남길 삶은 어떠해야 하는지를 가늠한다. 유한할 수밖에 없는 삶에서 흔적이 고스란히 남는다고 보면, 좀 더 단단하게 좀 더 무게 있게 살아야 하지 않는가.

　숯은 책이다. 숯은 건축이고 미술이고 음악이고 문학이며 철학이다. 다시 타오를 에너지를 가진 숯은 살아있는 오래된 증거이다. 나는 잔불이나 재가 되어 사라질지 모른다. 그렇다고 해도 삶의 의미를 추구하며 나의 책을 진지하게 채워가려 한다. 숯을 가만히 응시하면 숯은 온몸으로 삶을 보여준다.

(2010년)

아주 가벼운 여행

아버지는 경주에 가고 싶어 했다. 아버지는 장흥 고가(高家) 문중회의에 참여하러 광주에 가끔 다녀오시고, 군대 복무로 고향을 떠나신 것 말고는 장거리 길을 나서본 적이 없다. 경주 나들이는 아버지를 위한 유일한 호사였을지도 모른다. 예순을 앞두고 돌아가실 때까지 아버지의 여행은 이루어지지 못했다.

아버지는 해방이 되기 전에 학교에 다니면서 수재 소리를 들었다고 한다. 장손이면서도 꼴망태를 채워놓고 잠방이 차림으로 학교에 달려가신 적이 많았고 때때로 학교를 가지 못한 날도 많았다고 했다. 그러면서도 성적이 가장 뛰어났다고 했다. 아버지는 내가 열 살 무렵부터 한문을 가르쳐 주셨다. 주판도 가르쳐 주셨다. 자매 중에서 나만 한문과 주판을 배웠다. 강압적으로 가르치는 분도 아니었고 동생들은 어린 탓이었던 것 같다.

 아버지는 양복을 입으신 적이 없다. 두루마기에 중절모를 쓰고 새하얀 고무신을 신었다. 철이 들 무렵, 아버지가 맛있는 여러 음식을 못 드시고 주름 반듯한 모직 양복을 입어보지 못한 것이 마음에 걸렸다. 그런데 언제부터인가 아버지는 경주에 가고 싶어 했고, 아버지가 자신을 위해 무엇인가 하고 싶어 한 게 달리 없었다는 것이 가슴 아프게 다가왔다.

 아버지는 평생 빚을 진 적이 없었다. 여섯 분의 동생들에게 한두 번 혹은 두세 번 씩 논밭을 분배해주었어도 농사지을 땅이 동네에서 적은 축에 들지 않았으니, 마음만 먹으면 송아지 한 마리를 팔아서라도 다녀올 수 있었을 것이다. 할머니를 모시고 길을 나서기도 여의치 않았을 거고, 엄마랑 둘이서 가볍게 훌쩍 다녀오시지도 못하셨나 보다.

 막내 아이와 그의 모임에서 서른댓 사람이 버스를 불러 경주에 다녀왔다. 4학년이 되었으니 역사와 문화재에 대해 관심을 갖게 하고 실물을 보여주자는 취지였다. 작은 아이가 그 무렵이었을 때 친구 아들이랑 넷이 경주와 안동을 둘러본 경험이 좋아서 추천했다. 해설사 선생님을 대동하고 천 년의 시간을 뛰어넘어 또 천 년의 시간으로 여행을 시도했다. 1박 2일의 일정을 통해 아이들이 보고 듣고 느끼고 알게 되는 것이 많기를 바랐는데 6년의 시차 동안 '닌텐도'라는 게임기는 처음부터 복병이었다. 스무 명이 넘는 아이들 중에 게임기가 없는 아이는 소수였다. 아이들은 게임기로 빨려 들어갔다. 눈앞에서 사실적이고 입체적으로 볼 수 있는 소중한 기회를 가볍게 흘려보낸다. 친구들을 따라 장난에 빠진 아들에게 서운한 마음이 든다. 황룡사지에서는 9층 목탑의 주춧돌을 큰 돌로만 아는지 잔디밭에서 축구를 하며 놀다 가자고 아이들이 목청을 높인다. 천이백 년의 시간 동안 햇빛과 바람과 비와 추위에도 아랑곳하지 않았을 성덕대왕신종의 종소리가 주기적으로 들린다. 녹음된 것이나마 은은한 울림을 들을 수 있어 다행스럽다. 경주박물관에서도 아이들은 보고 듣는 일에 관심이 적었다. 수학여행에서 사람에 밀려 대충 눈으로 훑고 나오는 일이 여기서도 반복된다. 첨성대나 안압지에서도 유람일 뿐이다. 용이 된 문무왕이 드나들도록 돌들을 걸쳐놓아 물길을 만들었다는 감은사지며 석굴암의 본존불이나 첨성대에서도 아이들의 반응은 대수롭지 않다. 듣는 둥 마는 둥이다. 마천루처럼 솟은 현대의 건축물에 익숙해진 탓인지 3D 영화나 사이버에 익숙한 시야 때문인지 모를 일이다.

 석굴암을 향해 걷는 길은 호젓하니 정겹다. 산은 가파르건만 평지처럼 걸을 수 있게 길이 나있다. 길을 닦은 땀방울들이 눈에 선하다. 모처럼 막내와 손을 잡고 걸을 수 있는 짬이 났다. 친구들과 뛰노느라 멀리하더니 보기 드문 흙길의 정겨움에 새삼 정이 솟나 보다.

 1983년 늦봄 무렵이었을 게다. 수학여행을 불과 2~3일 앞두고도 엄마한테 말씀을 드리지 못하고 있었다. 만 육천 원 남짓 수학여행비는 말도 꺼내기 어려운 금액이었다. 그렇다고 담백하게 단념하지도 못했다. 선생님도 친구들도 수학여행 안 가냐고 성화였고, 초등학교 수학여행도 없었던지라 생전 처음 여행이 될 것이었으니 포기도 쉽지 않았다. 시골에서 시내의 학교로 통학할 수 있는 교통편이 없어서 친구랑 자취를 했기에 엄마한테 말씀드릴 기회란 이 시간이 마지막이었다. 시내로 나갈 준비를 마치고도 토방에서 서성거리며 입이 떨어지지 않을 때, 마침 친구 어머니께서 대문으로 들어서며 "○○야, 너는 수학여행 안 가냐?" 하셨다. 엄마는 나를 보았고 나는 고개를 끄덕이며 다급하게 "예, 가요"라고 대답했다. 엄마는 급하게 이만 원 가량을 빌려왔다. 하마터면 말도 꺼내지 못하고 말았을지 모르는 첫 여행은 친구 어머니 덕분에 겨우 이루어졌다.

엄마는 관절염으로 걸음이 불편해진 후에 경주에 갈 수 있었다. 시골의 어르신들이 농사일을 마친 늦은 가을쯤에 나들이를 다니기 시작했다. 어느 해에 동네 분들이 버스를 빌려 경주에 갔다. 아버지가 원했던 단 한 번의 여행지에 엄마는 홀로 다녀왔다.

"아버지랑 함께 갔으면 좋았을 텐데…." 나도 엄마도 같은 얘기를 했다. 회갑전부터 지팡이를 짚어야했던 엄마는 늦은 걸음으로 동네 사람들을 따라가기 바쁘면서도 순간순간 아버지를 보았던 게다. 엄마는 아버지와 다툰 적이 없었다. 아버지와 별리하고 삼 년쯤 곡기를 제대로 드시지 못했다. 그만큼 아버지를 그리는 마음이 컸을 게다.

아버지의 간곡했던 소망이 막내아들에게는 장난스런 놀이

에 불과하다. 여가나 여행은 놀이에서 시작되었겠지만 이천 년의 시간을 더듬어 보는 역사와 문화에 대한 관심은 좀 더 진지해야 하지 않을까. 아이들의 눈망울이 초롱초롱 빛났더라면 얼마나 좋았을까. 아이들은 이 여행을 어떻게 기억할까? 막내는 엄마와 함께한 경주 여행을 어떻게 기억할까?

(2011년)

아버지

 아버지는 내 삶의 가장 큰 결핍이자 쓸쓸함의 원천이며 명랑함이 사그라지는 단초이다. 아버지는 아픔이고 그리움이고 안타까움이고 고요함이다. 아버지의 자식으로 살았던 십삼 년은 너무 짧지만 평생 아버지의 자식일 수밖에 없다. 유년기에 고모들이며 작은아버지들이며 동네 어른들이며 일가친척이 말하길 자식 중 아버지를 제일 많이 닮았다고 하였다. 생김새가 닮았다는 것이고 성격이나 하는 행동도 닮은 기미가 있다는 것일 테다. 마당을 꼼꼼하게 쓸고 논두렁의 풀을 머리 깎아 놓은 것처럼 예쁘게 벤다고 하였다. 틈만 나면 책을 읽으니 더욱 닮았다는 말을 들었을 게다.
 아버지는 꼼짝달싹할 수 없는 상황에서도 담담하게 삶을 이어나가며 쾌락보다는 무던함으로 주어진 날들을 살았다. 아름답지도 평온하지도 않은 삶 속에서 온갖 괴로움을 벗 삼아 고요히 공부하는 선비처럼 살았다. 학창 시절에 원체 공부를 뛰어나게 잘했고 여러 방면에 박학다식하였다. 늘 한문을 비롯하여 글을 잘 썼으며 살림살이도 꼼꼼하게 기록하며(아버지는 평생 빚이라고는 한 푼도 진 적이 없었다. 사람에게든 은행에서든) 웬만한 서류는 직접 작성하였다. 시골에서 아버지만큼 글을 아는 이가 없기에 모든 서류들은 아버지가 작성해줘야 일이 되었다. 점잖고 또 점잖았으며 생각이 넓고 깊지만 말이 많지 않고 말을 함부로 하지 않으며 자식들에겐 따뜻하고 부부 간 다툼이 전혀 없이 매사 신중하고 가볍지 않았다. 산골 산중에서 보기 드물게 고요한 선비 같았다.

 할아버지의 큰아들로 태어나 일곱 딸들의 아버지가 된 아버지. 열 살 언저리에 조실부모하여 막막한 생을 의지하기 위해 산골에 터를 잡고, 양반의 후예임을 기둥으로 삼아 살아가는 할아버지의 큰아들이었던 아버지. 처음으로 얻은 아들을 잃고 십 년을 함께한 배우자가 쫓겨나는 것을 막아내지 못했던 아버지(할머니는 며느리들을 몇 번 쫓아냈다. 엄마도 쫓겨날 뻔했다). 그 후로 두 번 다시 아들을 두지 못했던 아버지. 느지막이 딸들을 낳고 감사하기만 하다고 했던 아버지. 부모님께 효도는 못할망정 차마 불효하면 안 된다는 당위성에 순종해야만 했던 장남이었던 아버지. 세 명의 동생들이 줄줄이 노름에 빠져 제금난(결혼 시에 따로 차려준 살림으로 집과 전답을 분배해줌) 전답을 다 팔아먹어도 손발이 묶인 사람처럼 목소리를 제거당한 사람처럼 묵묵히 다시 전답을 나누어 주는 일을 두 번 세 번 반복했던 아버지(할머니에게는 '우리 손(孫)'이 가장 중요했고 아버지에게는 '우리 손'이 없었다) 해마다 송아지를 낳거나 계(契)가 끝나 쌀가마가 들어오면 영락없이 누군가는 가져가서 목돈을 쥐어 볼 새도 천신해 볼 도리도 없던 아버지. 노름을 하지 않았던 동생마저 샘을 내어 전답을 더 가져가니 네 명의 동생에게 내어주고 또 내어주며 자식의 도리와 형제간 우애를 감내했던 아버지. 친정이 자랑인 여동생들의 극성스러운 간섭에 휘청하던 아버지. 부모와 형제에게 가장 모진 상처를 입고도 무던히 고요히 나날들을 살아간 아버지. 유교적 가치가 온몸과 정신에 가득 차있던 아버지. 그러함에도 엄격함보다 따뜻함이 우선했던 아버지. 화가 가슴에 켜켜이 쌓였던지 숨을 가삐 쉬고 각혈을 하던 아버지. 건강을 잃고 예순이 되기 전에 삶을 다한 아버지. 병시중에 어린 딸들을 먹여 키울 전답이 들어갈까 염려되어 병원 출입을 삼간 아버지. 외손밖에 없을 것이므로 외손발복(外孫發福)할 터를 잡아놓고 신신당부한 아버지. 딸들 중에서도 나는 꼭 공부시키라고 유언했다는 아버지(공부하지 않으면 못 살 줄을 아셨던가). 남들과는 말을 삼가고 딸들과는 자상하게 이야기하고 장난치고 좋아하던 아버지. 한문과 주판과 일상의 도리를 가르쳐준 아버지. 할머니와 겸상에서 꼭 반찬을 남겨 딸들과 엄마 밥상으로 넘겨주던 아버지. 엄마가 가장 좋아하고 의지했던 아버지.

세상에는 여러 모양의 아버지들이 있다. 친구 아버지며 동네

아저씨를 비롯하여 다양한 아버지들을 본다. 아버님도 계시고 아이들의 아버지도 있다.

어떤 아버지는 노름으로 전답을 다 넘기고 다른 동네로 와서 남은 생을 오로지 가족만을 위해 헌신하였다. 가족에게 되도록 농사일을 시키지 않았으며 우직하게 일만 했다. 전답을 보전하지 못한 참회처럼 땅을 파고 지게 짐을 지고 남의 논밭을 일구었다. 자식들이 어느 정도 자라자 객지에 자식을 떼놓을 수 없어서 온 식구를 데리고 서울로 가서 가족을 옆에서 지켰다. 농사일에서 막노동으로 바뀌었어도 가족만이 유일한 삶의 이유였다.

어떤 아버지는 조실부모하고 천덕꾸러기가 된 것이 억울하고 서러워 괜히 부인과 자식한테 고함치고 손찌검하며 화풀이하듯 살았다. 나이 들어서는 조금 수그러들었지만 앰한 사람이 고초를 당했다.

어떤 아버지는 역시 조실부모하고 천덕꾸러기로 살면서 넉살은 좋아 희희낙락하였는데 빤한 산골에서 유부녀와 바람피우며 연약한 부인은 늘 쥐어 패며 살았다. 그 집 자식들은 거의 모두 비극을 피할 수 없었다. 상간녀의 가정에서도 말할 수 없는 비극이 일어났지만 그 아버지의 자식들이 모두 비극적인 상황을 맞자 그 아버지가 행한 악행의 결과이거니 했다.

어떤 아버지는 일치감치 집에 들어앉아 집안에 온갖 어려움과 식솔들의 갖은 문제들은 모르쇠로 일관하였다. 틈만 나면 옷을 바꿔 입고 기회만 되면 젊은 여성들을 가까이하였다. 자녀들이 어떤 상황인지 하루 세끼 밥상이 어떻게 차려지는지 굳이 관심을 두지 않았다. 세상 한량 같았다.

　모든 아버지는 누군가의 아버지이듯 모든 사람은 누군가를 아버지로 둔다. 어떤 이는 천생 선비이고 어떤 이는 태생이 한량이다. 대부분의 아버지는 자식과 식솔을 위해 온갖 힘든 일도 해내지만 어떤 아버지는 자신의 즐거움과 쾌락을 위해 식솔을 돌보지 않는다. 자신의 아픔이나 고통을 만만한 식구에게 전가하여 괴롭히는 일도 드물지 않다. 자식을 볼보지 않고 가난 속에 방치하며 자신은 쾌락을 쫓아 수많은 날들을 지새우는 아버지도 있다. 아주 가끔 장식물처럼 전리품처럼 자신의 체면을 위해 아이들이 필요한 아버지도 있다. 자식을 키우는 좋은 사람으로 보이고 싶은 게다. 나도 아버지라고 하면서. 아버지가 아버지 노릇을 놓아버리면 자식이 불쌍해진다. 성장하지 못하고 성숙하지 못한 인격을 가진 아버지는 불행의 원천이다. 아버지는 가족의 행과 불행에 막대한 영향을 미칠 위치에 서 있지 않은가.

　중학교 때부터 아버지 있는 친구들이 부러웠다. 건강한 아버지를 둔 친구들이 그렇게 좋아 보였다. 지게 짐을 진 아버지, 가족을 보호하고 챙기는 아버지, 객지로 이사 가서 막노동 일을 하며 가족 옆에서 평생을 살고자 하는 아버지, 울타리가 되어주고 버팀목이 되어주는 아버지를 둔 친구들이 부러웠다. 그런 친구들은 고민도 깊지 않았다. 아버지에게 고민을 나눠 준 것처럼.

엄마와 형제에게 오래 헌신하지도 못하면서 괴로웠다. 감당하기 벅찼다. 운명이라면 거부하고 싶었다. 힘겹게 버티다가 희망이 보이지 않고 막막해서 그만 놓고 싶었다. 그런 날들이 막바지에 다다른 어느 날, 이른 아침에 느닷없이 고향 친구가 찾아왔다. "간밤에 너희 아버지가 보이더라"며. 친구가 여러 말을 했을 터인데 들리는 건 아버지가 지난밤 친구 꿈에 보였다는 거였다. 그리하여 날이 밝기 무섭게 달려왔다는 것이다. 정말 아버지가 보이더냐고 거듭 물었다. 아버지가 안타까워서 친구를 보낸 것 같은 생각이 들었다. 아버지가 내 사정을 알고 계신다, 아버지가 나를 지켜보고 계신다는 생각에 서럽고 서러웠다. 엄마도 형제도 나의 무게도 감당하며 살아야지 했다. 아버지가 아실 것이므로. 아버지가 보고 계실 것이므로.

나이 들어가며 아버지의 성정이 유전자로 발현되는지 아버지를 보며 자란 영향인지 아버지의 성정이 꽤 배어들어 있는 것 같다. 아버지와 감히 견줄 수 없지만, 조용한 것을 좋아하고 쾌락을 즐기는 부류도 아니니 비교적 담담하게 산다. 그렇다고 엄숙주의자는 아닐뿐더러 즐거움을 굳이 피하지는 않는다. 나이 들수록 즐거움보다 고요한 휴식이 더 좋을 뿐. 피할 도리 없이 감당할 것은 감내하며 쉰이 넘게 살았다. 사십 대 중반을 넘어가며 쉰이 넘어가며 조용한 것을 좋아하던 아버지의 성정이 나오는 것 같다. 때로는 산중 조그만 절간처럼 침묵 속에 머문다.

아버지는 평생 가장 큰 결핍이었다. 그러함에도 아버지가 그립다. 아버지의 한숨과 염려, 기쁨과 지혜, 고요함과 잔잔함, 쓸쓸함과 윤리도덕이 그립다. 가장 가까운 부모형제에게 모질게 부대끼면서도 엄마와 자식들에게는 따뜻함으로 남은 아버지의 인품이 그립다. 나도 아버지처럼 담담히 고요히 지내야지. 마냥 가볍지 않은 사람으로 진중하게 살아가야지. 아버지를 닮은 자식답게.

(2020년)

족보

분홍색 보자기에 족보를 싸들고 왔다. 비어있는 친정집 종이 상자 안에 있던 족보는 곰팡이가 피어 노란 겉표지가 많이 상해 있었다. 족보의 권수를 알리는 하얀 종이는 모두 떨어져 있었다. 족보가 더 상할까 싶어 보자기에 싸놓았다가 집으로 가져와서 시간 날 때 찬찬히 살펴보기로 마음먹었다.

보자기에 싸인 족보는 우리집에 와서도 두어 달을 보내고 나서야 바람을 쏘이게 되었다. 읽던 책을 밀쳐두고 오래된 책을 펼치며 아버지를 찾고 할아버지를 확인했다. 족보 읽는 법을 알지 못해 한두 시간을 헤맨 끝에 우리 가계의 흐름을 모두 보게 되었다. 몇 백 년의 시간을 거슬러 오르며 아버지의 아버지, 할아버지의 할아버지를 만나는 여행은 흥미로웠다.

유년에 아버지는 "우리집은 양반이니 자부심을 가지고 살라"는 말씀을 하셨다. 열 살이 되었을 때 한문을 가르쳐주며 재미를 붙이시던 아버지는 삼 년이 안 되어 돌아가셨다. 우리 가문에 대한 아버지의 말씀은 어렴풋한 기억으로 오래도록 남았지만 시간이 흐를수록 빛을 잃어갔다. 가계에 대한 이야기를 들려줄 어른은 아버지가 마지막이었다. 어린 나이에 몇 번 들은 기억은 아주 작은 조각으로 남아서 희미해졌다. 끈은 끊어질 듯 약했다. 아버지를 잃은 나는 늘 기가 죽었다. 축대가 무너진 비탈에 있는 집처럼 위태롭고 위험했다.

'나는 누구인가'하는 정체감을 형성해야 하는 사춘기를 지나면서도 늘 가슴 한쪽은 공허했다. 너무 일찍 끈 떨어진 연이 된 것 같았다. 본래의 뿌리를 잃어버린 것 같은 상실감은 늘 아프게 하고 아무리 마음을 다잡아도 또다시 주눅이 들곤 했다. 때로는 세상에 철저히 혼자 존재하는 것 같은 적막감에 압도당할 만큼 휩싸이기도 했다. 아무리 기운을 내자고 다짐해도 한 마디 질책이나 무시에 금방 무너지던 자존감은 난처한 그림자 같았다. 정신적 지주를 잃어버렸다는 것을 들키지 않으려 더 단단히 서려했지만 뿌리가 약한 듯 작은 바람에도 흔들거렸다. 아버지를 잃으면서 상실했던 뿌리에 대한 관념은 정체감의 기초를 형성하여 내내 영향을 미쳤다.

사람들은 어디에든 기대어 산다. 자신의 신념에, 사회적 성공에, 안락에, 종교에, 돈에, 다른 사람에게 기대어 산다. 나는 기댈 곳이 별로 없다. 세속의 가치에 기준을 두고 보면 내세울 만한 것은 아무것도 가지지 못했다. 아버지는 나를 공부시키라는 유언을 엄마에게 남기셨다고 했다. 스물 즈음에 엄마로부터 그 유언을 전해 들었다. 비록 늦었지만 아버지의 유언을 따르듯 공부를 시작했다. 늘 광야에서 길을 찾는 사람처럼 길을 찾으며 공부하다가 죽으면 만족하리란 생각을 하는 게 그나마 삶의 축이 될는지 모르겠다.

많은 사람들이 경제적 잣대로 사람을 가르고 어울린다. 어떤 화려한 중년의 전업주부들은 물신을 숭배하는 암묵적인 합의하에 테두리를 치고 모인다. 아버지의 경제력이거나 남편의 경제력이기 쉽지만 자신의 깃발인 냥 흔들며 모이고 흩어진다. 사물화는 인간성을 외면한다. 사물은 아마도 화폐는 사람들을 지배하고 심지어 신의 위치에까지 올라 선 것 같다. 먹고 쓰고 노는 것으로 생이 채워진다면 아무리 오래 산다 한들 무슨 의미가 있을까 싶지만 그들의 논리는 확고하다. 그런 틈바구니에서 책을 읽고 공부를 하면 비난을 받기 일쑤다. 차라리 그냥 놀지언정 공부는 하지 말라는 충고도 거침없이 한다. 그들의 가치에 준해서 내놓을만한 대목이 별로 없는 까닭이기도 하지만 그녀들의 자랑스러운 잡담에 한 발짝 비켜 서 있는 것이 그나마 처신이라 할만했다.

아버지의 족보는 겉표지가 상했을 뿐 속지는 깨끗한 한지의 모습을 간직하고 있다. 할아버지까지만 알고 있었는데 그 윗분들이 수직으로 계셨다. 장손으로 몇 대를 내려온 가계를 보니 아버지의 무거움이 느껴지는 듯하다. 영조 때의 어느 할아버지에게는 유독(愈篤) 독서(讀書) 구리(究理) 함양(涵養)이라는 글귀가 눈에 띈다. 책을 읽고 이치를 연구하고 성품을 갈고 닦음이 뛰어나셨던 모양이라고 생각하며 눈길이 머문다. 앞뒤의 문장을 해석해내지 못함이 아쉽지만 좋은 구절을 본 것으로 위안을 삼는다. 또 거슬러 올라가니 현종 때의 할아버지에게서 덕행순(德行純) 독학문(篤學問) … 사림사종(士林師宗) 소저향약(所著鄕約) 춘추강독(春秋講讀) …의 글귀가 보인다. 덕행이 순수했고 학문이 도타우며 선비들이 스승으로 받들었으며 향약을 밝히고 춘추를 읽고 강독하는 일도 하셨던 모양이다. 다시 거슬러 가니 제봉(霽峯) 고경명 선생이 나온다. 아버지의 아버지의 또 할아버지의 할아버지를 따라가니 고경명 장군에 이른다. 아버지가 자부심을 가졌던 까닭을 비로소 알겠다.

아버지가 없는 집은 바람막이가 없는 집처럼 황막했다. 아버지를 너무 빨리 잃어 뿌리조차 알지 못한 채 기 죽고 주눅 들어 살아온 나날이 떠올랐다. 장손이었으나 아들을 두지 못하여 낙심하던 아버지의 모습이 그려지고 자매들 역사도 떠올랐다.

족보에는 다른 성씨의 어머니와 할머니와 또 할머니들이 자리하고 있다. 성씨의 다양함에 놀라고 정갈한 기록에 흥미가 돋는다. 따님들이 다른 성씨의 집으로 간 흔적이 인장을 찍듯 남아 있다. 이 집으로 오고 다른 집으로 가면서 여성들은 그들의 흔적을 적으나마 남기고 있다. 씨줄과 날줄의 짜임처럼 촘촘하다. 남편의 배우자로 자녀의 어머니로 살았던 여성들의 드러나지 않은 삶도 엄연하게 족보에서 절반의 수만큼 존재한다. 그녀들의 이름은 아버지로 남편으로 대신하였을망정 존재는 어엿하게 드러나고 있지 않은가.

몇 백 년의 역사가 함축된 족보에서 경제적인 부귀나 영화는 찾아볼 수 없다. 벼슬도 기록하지만 공부하고 덕행을 쌓은 것이 도드라지게 기록되어 있다. 무한경쟁의 신자유주의가 풍미하는 세상에서는 여성이라 할지라도 경제적이 없는 것은 치명적인 허물이 되지만 공부하면서 사는 꿈도 나쁘지 않겠다. 여성도 얼마든지 공부할 수 있는 시대가 와 있는 것이 그나마 다행스럽다. 발을 딛는 바닥이 단단해진 것 같다.

(2012년)

신발

 신발을 보면 신발 주인의 삶을 어느 정도 짐작할 수 있다. 어디를 가는지 무엇을 하는지 그 삶의 단면들을 드러내 놓는다. 신발은 아무 말없이 그저 밝은 햇볕 아래, 흔들리는 조명 아래 또 어두운 밤길에, 비 오고 눈 내리는 거리에서도 주인의 모습을 드러내 놓는다.

 아마도 서울로 가기 전까지 내가 신은 모든 신발을 샀을 법한 신발가게를 보았다. 작은 면소재지의 길가에 아주 작은 가게가 있었다. 맙소사! 저 가게는 몇십 년의 시간 동안 꼼짝 않고 그 자리를 지켰단 말인가. 면이 달랐지만 버스가 흔하게 다니지 않던 시절에는 진남재 고개를 넘어 그 시장에 자주 갔다. 재를 걸어 내려오면 한 시간 반 남짓, 산을 걸어 올라가면 두 시간 반가량이 걸리는 그 길이 오히려 장을 보고 일을 보기 편했다. 버스가 더 깊은 산골마을까지 다니게 되자 재 넘어 그 시장은 아예 발길을 뚝 끊었던 것인데, 출장을 가노라고 평소 다니지 않던 길을 운전하고 가다가 그 신발가게를 보았다. 화들짝 놀랐다. 고무신이며 싸디 싼 싸구려 운동화며 고무장화를 사던 그 가게임에 틀림없다. 그러자 그 가게를 드나들던 열네다섯 살의 아이가 떠올랐다.

시내에 있는 중학교에 가기 전까지 신발은 오로지 검정고무신뿐이었다. 꽃이 온 산과 들에 지천으로 피는 봄이면 고무신을 신고 산을 헤집고 다니며 찔레를 꺾어 먹고 고사리를 꺾고 취를 뜯었다. 여름날엔 삐삐를 뽑아 먹고 도라지를 캐고 소를 뜯기느라 온 산을 샅샅이 뒤집고 다녔다. 비라도 오는 날에는 철퍼덕거리며 벗겨지려는 고무신을 신고 흙탕길을 걸었다. 몹시 큰 비가 내릴 때 자그마하고 조용했던 고랑물이 무섭게 콸콸 넘쳐 흘러갈 때 무심히 벗겨진 고무신은 빠르게 고랑 속에서 떠내려갔다. 하나뿐인 신발을 사수하고자 고랑창의 물보다 빠르게 뛰어가지만 평소 얌전하던 고랑창은 거친 물살이 되어 쏜살같이 고무신을 데리고 가버린다. 몇 번은 건져내지만 한두 번은 결국 건져내지 못하고 아깝게 떨궈버리면 기죽은 작은 아이가 한 발을 깨금발로 걷다가 뒤꿈치로 걷다가 터벅거리며 돌아오기도 한다. 집에 고무신은 한 켤레의 여유분도 없던 시절이라 엄마가 장에 가서 새 고무신을 사 올 때까지 커다란 어른들 고무신을 겨우 끌거나 고무 슬리퍼를 신고 며칠을 보내기도 했다.

동네 아이들이 운동화를 신기 시작했을 때, 까만 고무신을 벗어날 요량으로 친구들과 함께 웅크리고 수군거리며 까만 고무신을 찢어 놓은 일이 있었다. 그래도 까만 고무신을 벗어날 날은 오지 않았는지 아버지는 까만 고무신에 하얀 무명실로 찢어진 양 쪽을 맞당겨 꿰매 주었다. 까만 고무신에 하얀 무명실 줄무늬가 몇 줄 생겼으니 난감하기 이를 데 없었다. 그 이후였을까? 일부러 어떤 짓을 꾸미는 것은 되지도 않을뿐더러 오히려 더 해로운 결과를 가져온다는 것을 알게 되었으니, 아버지가 까만 고무신을 꿰맨 일은 가르침이 되었던 걸까? 융통성이 없다는 말까지 들으며 고지식하게 곧이곧대로 살아가는 것으로 보아 어떤 영악한 짓도 하지 못하게 한 족쇄가 되었을까?

시내에 있는 중학교에 가게 되자 엄마는 운동화를 사주었다. 운동화 한 켤레로 1년은 꼼짝없이 신어야 했다. 날렵하게 위로 날아오르는 좋은 신발을 신는 아이들도 더러 있었다. 내 운동화는 가을 무렵에는 운동화 뒤축이 헤지다가 겨울이면 신발 바닥으로 가끔 물이 새어 들어오고 흙도 묻어났다. 두 번째 운동화는 83년도에 내 손으로 샀는데 3,500원을 줬던 기억이 또렷하다. 그 가게에 있던 운동화 중에서 가장 쌌기 때문에 내 것이 된 노란색의 운동화. 그 운동화를 신고 수학여행을 갔고 그 운동화로 겨울을 나야 했다. 제일 싼 것을 찾았던 그 신발가게가 아직도 그 자리에서 손님을 맞고 있었다.

인도 속담에 있다고 했든가. 그 사람의 신발을 신어보기 전에는 그 사람의 발에 대해 어떤 말도 하지 말라는…. 인디언들의 말에는 이런 말도 있다고 한다. 어떤 사람을 평가하기 전에 그 사람의 신을 신고 세 달만 걸어 보라는…. 신발은 그 사람의 많은 것을 보여주는 단서이고 그 사람이 말하지 않은 삶의 단초들을 보여주는 암시물이다. 그 사람이 어디를 다니는지 어떻게 다니는지 무엇을 하는지 그 사람의 일부를 드러내는 역할을 한다.

가장 값싼 신발을 사지 않아도 되는 지금, 하나의 신발로 사는 세상이 아닌 지금은, 신발은 밖에 다니기 위한 도구보다 그 사람이 추구하는 삶의 단면들을 보여주는 상징이기도 하다. 가는 장소에 맞추어 격식을 갖추어 보기도 하고, 어쩌다가 높은 굽의 구두를 신고 사부작사부작 걷기도 하고, 편한 신발을 신고 일하며 신발로부터 자유롭게 되었다.

운명처럼 숙명처럼 주어진 신발을 다 닳도록 신는 것이 아니라 언제든 새 신발을 선택할 수 있다. 발에 맞지 않는 신발을 신고 아픔을 감당할 이유가 없다. 굳이 불편한 신발을 신고 견딜 까닭도 없다. 발에 맞지 않는 신발은 버려도 된다. 불편한 신발을 신지 않을 자유와 권리가 있다는 것을 왜 그렇게 늦게 깨닫게 된 걸까. 비로소 신발로부터 자유를 찾았다. 신발은 사람의 발을 옭아매는 것이 아니라 그 사람의 행동을 자유롭게 돕는다. 계절 따라 색색의 예쁘고 편한 신발을 신을 수 있으니 감사하고 감사하다.

(2015년)

구설수

 속닥거리는 입에 오르내려서 좋을 말은 없다. 속닥거리는 입에 오르내리는 말은 가십거리거나 흥밋거리거나 악의적이기 십상이다. 꿀 바른 것 같이 달달한 말이든, 뱀 같은 사악한 말이든, 느물느물 엉큼한 말이든 속닥거리는 혀에서 나오는 말이 귀할 리 없고 아름다울 리 없다.
 유독 속살거리며 남의 말을 달고 사는 사람이 있다. 남의 말을 잘 하는 사람은 흉도 그만큼 잘 본다. 자기에 대한 성찰도 삶에 대한 통찰도 없기에 하느니 흉이요, 험담이요, 모함이다. 흉을 보겠다고 작정한 사람으로부터 자유로울 사람은 없다.
 남의 말을 즐겨하는 사람 중에 일 잘하는 사람은 드물다. 일은 잘하지 못하지만 남의 눈치를 살피는 사람이 남을 깎아내려서라도 자기를 올리기 위해 험담을 하고 흉을 본다. 본인이 가진 능력에 비해 인정받고 싶은 마음이 강하므로 다른 사람의 노력을 자신의 것으로 만드는 것에 능하고, 다른 사람의 명예를 훼손하는 것도 대수롭지 않다.

존중받은 경험이 적을수록 남의 말을 많이 한다. 존중받지 못한 사람의 마음에는 상처와 부끄러움과 분노가 웅크리고 있으므로 자기의 마음을 돌이켜 본다는 것은 엄청난 두려움과 용기를 수반한다. 자기 내부를 비추어 줄 최소한의 에너지마저 밖으로 향하게 함으로써 자기의 결핍과 유년의 상처와 만날 수 있는 기회 자체를 없앤다. 그럼으로써 자기반성과 자기 내부로의 성찰은 일어나지 않는다. 모든 에너지는 밖으로 쏟아지고, 남의 일거수일투족을 관찰하고 살피느라 여념이 없다.

남을 믿지 못하는 사람일수록 남의 말을 많이 한다. 사람을 신뢰하면 사람은 사람이라는 그 자체로 존중해야 할 가치가 있다는 것을 알게 된다. 대다수의 사람들과 피상적인 인간관계를 맺고 대다수의 사람들에게 불평과 불만으로 투사(인정하고 싶지 않은 자신의 감정이나 욕망 등을 남에게 돌려버림으로써 자신을 정당화하는 심리학 용어)함으로써 평온을 유지하려고 한다. 남들에게 싫은 감정을 모두 쏟아부었기에 좋은 사람도 없고 좋은 친구도 없다. 불평불만을 타인에게 덮어씌우면 생각은 왜곡되고 말이 거칠어진다. 거친 말버릇이 몸에 스미고 나면 어지간한 사람은 모두 그의 입방아에 오른다. 그에게는 사람들의 흉이 절로 보인다. 애써 흉을 찾을 필요가 없다. 자기와 생각이 다르거나 행동이 다른 모든 사람은 흉 거리가 된다. 자신의 잣대에 올려 지레짐작으로 넘겨짚고 지레짐작을 단정적으로 확신한다. 아주 조그마한 사실에다가 눈덩이 같은 지레짐작을 덧씌운다.

입방아를 찧는다는 것은 한 사람의 인격을 깨뜨리는 일이다. 곡식을 방아로 찧으면 곡식은 쪼개지고 가루가 된다. 사람을 입방아에 올리고 찧는다는 것은 그 사람의 정체성을 훼손하거나 존엄성을 깨뜨리는 일이다.

입방아는 혼자 찧지 않는다. 단순히 이러저러한 시답잖은 말을 들어주는 것만으로도 말 많은 사람에게는 동력이 된다. 더군다나 맞장구를 치거나 그가 하는 말대로 따르는 조력자가 있으면 말 많은 사람은 날개를 단다. 남의 흉을 즐겨보는 사람이 한 집단에 한두 명 있으면 언젠가는 탈이 난다. 한두 마리의 미꾸라지가 우물물을 더럽히듯 한두 명의 사람이 집단의 신뢰를 어지럽힌다.

남의 말을 거칠게 하는 사람이 선할 리 없다. 소곤거리고 속닥거리는 말은 대게 착하지 않다. 착한 말은 누가 들어도 괜찮다. 누가 들어도 좋을 말을 하는 사람은 속닥거리지 않는다. 속닥거리는 말을 듣기 싫어하는 사람들이 어디에든 존재한다. 선하지 않은 말에 불편함을 느끼는 사람이 있다. 사람은 사람으로 인해 훼손되고 사람으로 인해 옹호된다.

인품이 있는 사람은 남의 말을 함부로 하지 않는다. 말은 화자를 떠나 독립적으로 존재하지 않는다. 언어는 존재의 집이므로 말은 존재의 가치를 드러내 주는 가장 강력한 수단이다.

언어의 중요성을 아는 사람은 언어를 가볍게 여기지 않는다. 언어를 가볍게 여기지 않는 사람은 말을 함부로 하지 않고 사람을 함부로 대하지 않는다. 사람은 서로 격려하며 함께 가야 할 동료이고 동행자이지 얕잡아보고 괴롭힐 대상이 될 수 없다.

어느 집단이든 힘없는 사람은 말을 함부로 하지 않는다. 믿는 구석이 있는 사람이 남의 말도 거침없이 하는 것이지, 믿을 구석이라고는 자기밖에 없는 사람은 말과 행동을 조심한다. 수가 능란한 사람과 다투어 낭패를 당할 까닭이 없거니와 설칠 까닭은 더욱 없다. 누울 자리를 보고 다리를 뻗을 일이 아닌가.

공자는 '나는 말을 아니하고자 한다'라고 하며 '하늘이 무엇을 말하더냐'라고 연거푸 되뇌었다. 헤아리기 어려울 만큼 제자들을 가르치고 말을 나눴을 공자가 문득 하늘의 말없음을 찬양하고 침묵했다. 이로써 침묵은 금처럼 귀한 것이 되었다.

부처가 꽃을 꺾어 보였을 때 아난가섭이 미소를 지어 말없이 그 뜻을 이해했다고 한다. 수많은 제자들에게 설법을 하였지만 어느 순간 부처는 정작 미소만을 띤 채 입을 다물었다. 말과 글에 의존하여 깨달음을 구하는 교종과 말과 글 없이 침묵 속에서 깨달음을 구하는 선종이 불교의 큰 두 갈래이다. 수많은 설법과 경전들과 어깨를 견줄 만큼 침묵이 가지는 힘이 크다.

올해 구설수가 있다는 말을 들었다. 남의 입에 오르내릴만한 일이 무에 있을까 하고 넘겼다. 그런데 구설수 값을 하느라 그랬는지 말 많은 사람의 말을 들었다. 워낙 그런 줄 알고 있었지만 막상 구체적인 내용을 들으니 생각보다 고약스럽다. 더는 말을 듣고 싶지 않았으므로 "말을 삼가주시라"고 했다. "오해"라고 하더니 안 되겠는지 "아프네" 하며 얼렁뚱땅 넘어간다.

  사람은 변할 수 있는 존재이지만 한편으로 쉽게 변하지 않는 것도 사실이다. 문득 하늘의 침묵과 꽃의 말없음이 몹시 그립다.

(2016년)

쌀밥 한 그릇

며칠 전 간단한 검사를 받으려고 채혈을 했더니 고지혈증이라고 한다. 유전적인 작용으로 탄수화물을 간에서 지방으로 전환시킨다고 한다. 흰쌀밥에 탐닉하여 스스로 탄수화물 중독이라고 여겼더니 낭패다. 약을 처방해줘서 약국에 갔더니 "쌀밥은 안 됩니다"한다. 드디어 올 것이 왔다는 느낌과 아직 쌀밥에 허기가 지는 듯해 잠시 망연하다. 생일에야 먹던 쌀밥을 양껏 먹었으니 아쉬움도 없이 기꺼이 수긍함이 마땅하나, 쌀밥을 양껏 먹지 못하겠다는 생각에 아쉽고 안타까우니 사랑하는 사람과 이별하는 것 마냥 마음이 허전하다.

윤기가 흐르는 탱글탱글한 갓 지은 하얀 쌀밥은 늘 새롭고 반갑다. 셀 수 없이 하얀 쌀밥 그릇을 비워냈지만 아직 유년의 쌀밥 한 그릇에 미치지 못하나 보다. 철도 채 들지 않을 어린 나이에 혼자 작은 방에서 먹은 쌀밥을 아직도 다 못 먹은 모양이다. 동그란 양은 소반에 고봉으로 올린 갓 지은 하얀 쌀밥만큼 맛있는 밥을 먹어본 적이 없다.

열세 살까지 엄마가 해 줄 수 있었던 최고의 생일상은 쌀밥 한 그릇이었다. 할머니와 다른 자식들의 눈이 걸린 엄마는 작은 방에다 보리쌀 하나 섞지 않는 하얀 쌀밥 한 그릇을 고봉으로 담아주는 것으로 최고의 생일상을 만들었다. 따로 작은 방에 들어서 한 숟갈 한 숟갈 단맛이 도는 밥을 맛나게 먹었다. 밥을 아껴두었다가 학교에 다녀온 후에 마저 먹었다. 생일이니까 저녁까지 하얀 쌀밥을 먹고 싶었나 보다.

가마솥에 보리쌀을 넣고 먼저 끓이다가 하얀 쌀을 얹고 한소끔 익혀 밥물이 가마솥 뚜껑 아래 흐르면 아궁이에 불을 줄이고 뜸을 들였다. 아버지와 할머니의 겸상에는 거의 쌀밥이 차려졌고 우리 밥상에는 쌀이 드문드문한 보리밥이 올라왔다. 어린 자매들이 올망졸망 밥상에 둘러앉아 밥을 먹으면 아버지는 계란찜이랑 생선구이 등을 우리 밥상에 물려주었다. 아버지의 밥상에서 우리들의 밥상으로 건너온 건 뭐든지 맛있었다.

늘 숨이 차던 아버지는 치료를 거부하였다. 고만고만한 아이들에게 밥이라도 양껏 먹이려면 병원에서 돈을 쓸 수 없다는 것이었는데, 시골에서 논마지기라도 덜어내고 싶지 않았던 게다. 아버지를 잃게 되자 밥의 색깔은 더 까매졌다. 말 그대로 꽁보리밥이 되었다. 쌀을 돈사야 일 년에 열세 번의 제사와 우리들 학교 보내는데 쓰일 것이기에 아끼는 게 쌀이었다. 아버지의 밥상에서 넘어오던 계란찜과 생선구이도 사라졌다. 우리의 동그란 양은 소반은 쓸쓸함이 반이었다.

낯선 도시에서 꿈조차 몰수되었을 때는 밥이 싫었다. 먹기 위해서 사는 것 같은 낭패감이 수증기로 쪄낸 밥의 이물감만큼이나 당혹스러웠다. 서걱거리는 밥알은 아버지를 잃은 서러움이어서 밥알을 세듯 몇 알씩 먹었다. 나에게 주어진 운명을 밀어내듯 밥을 밀어냈다. 비참하게 주어진 길을 걸어가고 싶지 않았다. 가족들이 또 내가 먹고사는 일만 아니라면 도인이 되어도 좋겠다 싶었다. 먹지 않아도 된다면 평화롭게 배회하고 유유자적하게 떠돌아도 될 것 같았다. 사바나 사막의 밤하늘도 보고 로마의 광장도 거닐고 둔황의 석굴에도 머물고 티베트 고원에서 햇볕을 쬐고 바람을 타고….

엄마만 아니었으면, 꼬챙이처럼 말라서 죽어갔을까? 토끼 뱃속처럼 장이 줄어든 것 같았다. 운명을 받아들인 건가. 더 이상 운명을 밀어낼 수도 상황을 돌이킬 수도 없었기 때문일까. 어차피 살아가야 한다면 밥을 먹을 수밖에 없었다. 먹고살아 내기로 했다.

스스로 곡기를 거부했던 날들이 있었는가 하면, 배고픔에도 끼니를 못 먹는 날들은 또 얼마나 많았던지…. 전문대학 서무과에서 일할 때였는데, 구내식당에서 가장 쌌던 300원짜리 국수도 먹지 못하는 날들이 많았다. 믹스커피 한 잔으로 점심을 대신했다. 점심을 제대로 먹지 못하고 지낸 날들이 꽤 지났다. 그 허기는 오래갔다.

큰 아이를 출산하고 친정에 머물 때였다. 이모부님 두 분이 밭갈이를 도와주러 오셨다가 밥 먹는 모습을 보고는 "그렇게 밥이 맛있냐?"며 웃으셨다. 산에서 뜯은 취를 된장에 주무른 나물도 향긋하고 좋았지만, 모락모락 김이 오르는 하얀 쌀밥을 맨밥 그대로 반 그릇쯤 먹는 모습이 신기한 모양이었다. 이모부님들은 놀라면서도 즐거워했다. 갓난아이가 있어서였겠지만 다음 끼니엔 여천 이모부님께서 손수 한 그릇을 더 떠주며 "맛있을 때 많이 먹어라"고 했다. 이모부님들 앞에서 두 그릇씩 먹던 부끄러움은 산모라는 이름으로 덮고, 시골에서 먹는 밥은 늘 달았다.

지나친 것은 모자람만 못하니 밥에 대한 탐닉도 못난 짓임에 틀림없다. 쌀밥과 소원하게 지내려니 이별의식을 치르듯 쌀밥에 얽힌 소회를 털어내 회포를 푼다. 쌀밥과는 오랜 벗처럼 가끔 조우하려 하지만 그게 될까?

(2012년)

울어도 괜찮아

꿈을 꾸었다. 꿈속에서 울었다. K가 영혼을 감싸듯 안아주었다. 그도 나만큼이나 울었다. 무슨 영문일까 싶었다. 무언가 슬픔이 가득 차 있다가 임계점에 다다르자 넘쳐흐른 걸까? 지난해부터 그들 노래 없이는 한나절도 살 수 없더니 꿈속에서도 위로를 받고자 했던가.

최근 집단상담 프로그램에 참여했다. 유년의 아이로 돌아가 부모님 중 한 분과 억울했던 이야기를 해보란다. 열두세 살 때까지 딱히 억울한 건 없었지만 아버지와 이야기를 하고 싶었다. 눈을 감고 열세 살의 아이로 돌아가서 아버지께 이야기를 했다. 사십 년 만이다. 아버지와 얘기를 한 것이.

"아부지가 돌아가시고 난 다음에 엄마가 얼마나 많이 울었는지 알아요? 엄마의 울음을 듣느라고, 엄마를 울리지 않으려고 얼마나 애썼는지 알아요?….”라는 말이 가장 먼저 나왔다. 생전 처음 울었던 꿈이 강렬해서였는지, 울음의 의미를 탐색하다가 엄마의 울음을 자주 떠올린 까닭인지, 아버지께 하소연할 시점이 아버지가 돌아가신 직후부터여서였는지 모르지만 아버지께 힘들었던 십 대의 날들을 말하다 보니 저절로 눈물 콧물이 쏟아졌다.

나는 잘 울지 않는다. 잘 울지 않을 뿐 아니라, 남이 보는 데서는 더욱 울지 않는다. 설령 울 때가 있더라도 혼자 조용히 운다. 소리 없이. 오도카니 앉아서. 쪼그리고 앉아서. 그리고는 얼른 눈물을 훔친다. 울었다는 흔적도 남기고 싶지 않다. 많이 울었을 때는 두통에 부대끼고(엄마는 머리가 아프니 많이 울지 말라고 했다), 어쩔 수 없이 눈이 퉁퉁 붓기도 하지만.

눈물은 앞에 있는 사람에게 영향을 미친다. 마음을 아프게 하거나, 연민을 갖게 하거나, 상황을 멈추거나, 상황을 반전시키거나, 죄책감을 주거나, 입을 다물게 하거나, 희생을 감수하게 한다. 눈물은 어떤 방식으로든 앞에 있는 사람에게 영향을 준다.

눈물과 달리 울음은 소리를 포함한다. 한이 담기기도 하고, 넋두리가 담기기도 하고, 하소연을 싣기도 한다. 울음은 고통의 크기에 비례하기 때문에 어떤 울음은 심장을 짓누르고 찢는다.

엄마는 자주 울었다. 아버지가 아팠을 때도 울었지만, 아버지가 돌아가신 다음에는 근 삼 년을 울며 살았다. 엄마는 아기처럼 앉아서 울었다. 어린아이처럼 엉엉 우는 바람에 정작 나는 울지 못했다. 나도 서럽고 속상한 일이 많았는데, 아이처럼 우는 엄마의 울음을 들어주고 달래야 했다. 중학교 다닐 시기와 딱 맞아떨어지는 그 삼 년 동안, 엄마 옆에 있는 가장 큰 자식이 나였다. 시내에서 자취를 하다가 집에 가는 토요일마다 기다렸다는 듯이 한두 시간씩 우는 엄마를 달래야 했다. 지난 일주일 동안, 과부가 된 엄마를 서럽게 한 일, 서운하게 한 일, 억울한 일, 무시당한 일, 아버지 없는 날들에 대한 한, 혼자 자식들을 키워야 하고 농사일을 혼자 감당해야 하는 일, 남에게 도움을 잘 청하지 못했던 소심함, 박복하다는 신세한탄에 이르기까지 엄마가 울 일은 차고 넘쳤다. 그중 가장 힘들게 괴롭힌 건 아랫집 여성이었다. 아랫집 담장 아래에서 허구한 날 아침저녁으로 하얀 거품을 물고 악다구니를 질러대니 피할 재간도 없다. 뒤집어쓴 오물을 울음으로 털어냈을까. 엄마는 울고 울었다. 더 어렸을 때와 방학이나 주말이면 고스란히 그 여성의 오기와 악다구니를 듣기에 다 아는 소리다. 그렇다고 중학생이 어른하고 싸울 수도 없었다. 너무 억지스러운 데다 사나워서 말 한마디 붙일 수 없었다. 무섭고 싫었을 뿐.

　엄마는 울음으로 아버지의 삼년상을 치렀다. 나는 아버지의 부재에 이은 엄마의 울음으로 일찌감치 애어른이 되어야 했고, 애늙은이가 되어야 했다.

　나는 누구에게 눈물로 울음으로 영향을 미치고 싶지 않았다. 감정에 호소하며 상황을 통제하고 싶지 않았다. 엄마의 울음을 유산처럼 반복하고 싶지 않았다. 엄마의 눈물에 정서적으로 압도당한 경험은 나로 족하다. 엄마의 눈물에 울음에 아무런 권리도 주장하지 못하고 의무만 무겁게 졌기 때문에 나는 자식들 앞에서는 더 울지 않는다. 부모의 눈물은 원초적이면서 강력하다. 자식은 부모의 슬픔에 중독되거나 부모를 외면하고 멀리 도망쳐야 할지 모른다.

슬픔과 기쁨은 자연스러운 감정이다. 부모의 슬픔을 자녀가 아는 것은 자연스러워야 한다. 너무 많이 울 일도 너무 눈물을 감출 일도 아니다. 슬픔만 지속되는 삶도 기쁨만 이어지는 삶도 없다. 엄마는 내 앞에서 너무 많이 아이처럼 울었고, 나는 자식 앞에서 눈물을 보이지 않으려고 너무 애썼다. 둘 다 바람직하지 않다. 자식을 압도할 만큼 눈물로 날들을 채우는 것도, 자식이 엄마의 슬픔을 알지 못하는 것도.

엄마의 눈물에 십 대를 우울하게 보냈지만, 엄마의 눈물은 오래 영향을 미쳤지만, 다시 보니 엄마가 삼 년만 울고 울음을 그쳐주어서 다행스럽다. 엄마가 십 년을 이십 년을 울었으면 어떻게 감당할 수 있었을까.

아버지의 삼년상을 눈물로 울음으로 치른 엄마는 쉰에 들어서며 여장부가 되었다. 삼 년을 실컷 울고 난 후 엄마는 웃음을, 유머를, 농담을, 위트를, 성대모사를 하며 좌중을 왁자그르르 웃기는 유쾌함을 보였다. 동네 누구보다 유쾌함이 많았던 엄마의 모습을 되찾아서 그나마 엄마의 눈물을 상쇄시켜 주었다고 할까. 엄마가 너무 울어서 힘들었지만, 삼 년만 울고 씩씩

한 여장부로 여생을 살아주셔서 감사하다.

  아랫집 여성이 하루가 멀다 하고 동네 사람들과 싸우다가 서울로 이사를 간 게 한몫 단단히 했으리라. 울음의 원인이 사라졌다. 엄마가 억울하게 한스럽게 울어야 했던 상당 부분을 그 여성이 제공했으니까. 그렇더라도.

"엄마가 너무 많이 울어서 힘들었어요. 그래도 지나고 보니 엄마가 삼 년만 울어줘서 고마워요."

  음악을 듣다가 글을 읽다가 하늘을 보다가 혼자 고요히 울고 싶을 땐 울어도 괜찮다. 임계점에 차오를 때까지 놔두지 말고. 꾹꾹 심연으로 누르지 말고.

  시절이 좋아지면 그들의 콘서트에 가서 실컷 박수치고 환호하고 싶다. 심연의 눈물을 쏟아버렸으니 기쁘게 음악에 환희에 응답하리라.

(2021년)

part 2

푸른 듯 푸르지 않은 날들

새들처럼

참새 몇 마리가 종종거리다가 포르르 날아 나뭇가지에 앉는다. 걸음을 멈추고 참새를 바라보니 가늘게 흔들리는 나뭇가지가 경쾌한 리듬을 탄다. 까치 몇 마리가 날렵한 꼬리를 펴고 나무들 사이를 푸드덕 날며 노는 것 같다. 나도 새들처럼 가볍게 날고 싶다. 스무 살 때도 비상하고 싶었고 서른일곱 살에도 자유를 꿈꾸었으며 마흔다섯 살에도 가볍고 싶다.

겨울의 끝자락이 두툼한 검은 겉옷처럼 몹시 무겁다. 겨우내 추웠던 것은 살갗의 느낌뿐만이 아니다. 마음 한 구석에도 찬 바람이 휑하니 훑고 갔다. 길가에 덩그러니 놓인 빨간 우체통에 눈길이 간다. 붙박이처럼 떠나지 못하는 몸이 마음이라도 내보내는 것인지 자꾸만 먼 하늘을 향한다.

새들처럼 하늘을 날고 싶던 아이는《하늘 예찬》을 쓰고 하늘

바라기를 했다. 아버지를 잃은 막막한 마음은 하늘이라도 바라보아야 숨을 쉴 것 같았다. 하늘을 우러러보다가 먼 곳을 하염없이 보았다. 하늘의 큰 그늘 아래 평화롭기를 희망을 잃지 않기를 감당할 만큼의 무게만 주어지기를 간절히 바랬다. 엄마와 동생들이 무겁게 눈에 밟혔다. 서러움을 한가득 지고 앳된 아이들이 서울 하늘 아래 새로운 꿈을 꾸기 시작했다. 좀처럼 별을 보기 어려운 서울 하늘 아래 우리는 별처럼 희미하게 웃었다. 1980년대 중후반을 뜨겁게 응축하여 여러 몫의 삶을 살았던 우리는 새들처럼 날고 싶고 새들처럼 떠나고 싶어서 종종거리며 애를 태웠다. 어떤 이는 고향을 그리워하고 어떤 이는 바다를 동경했다. 봄이면 더욱 갑갑함이 몰려오기도 하고 더욱 서럽기도 하여 어디든 가고 싶었다.

 고향 집에 우편환을 보내고 남는 돈은 적었다. 스물한 살이 되던 이른 봄이었나? 휴일 아침에 새들처럼 날고 싶은 마음이 넘쳐 만 원을 들고 고속버스터미널에 갔다. 강릉행 버스를 타고 서울을 벗어나니 산과 들이 거짓말처럼 가까이에 있다. 창밖을 하염없이 바라보며 구불구불한 대관령을 넘어 강릉에 도착하니 마음이 새처럼 뛰었다. 서울에 돌아갈 차표를 끊어놓고 밖으로 나왔다. 경포대로 가는 버스를 물어서 탔다. 한적한 바닷가 모래밭을 두어 시간 느리게 걷다가 곧은 수평선을 오래도록 바라보았다. 우리가 사는 세상도 수평선처럼 공평하기를 꿈꾸었다. 동해바다에서 흘러온 바닷물을 응시하고 찰싹이는 파도소리를 토닥거리는 손길로 여겼다. 돌아오는 길 휴게소에서 커피 한 잔으로 하루의 끼니를 대신하고 서울에 도착하니 불과 몇 백 원이 남았다. 혼자서 훌쩍 다녀온 강릉의 하루는 한동안 봄이면 앓던 가슴앓이를 잊게 해주었다.

어느덧 중년의 아주머니가 된 나는 아직 치러야 할 세월의 값이 꽤 남았나 보다. 시간은 공짜가 없어서 값을 치러야 흘러가고는 하는데, 치르지 못한 값이 남아있는지 시간이 턱하니 버티고 더디 간다. 겨울의 끝자락은 늘 조바심이 난다. 입춘부터는 아예 봄 마중을 다녀오고는 한다.

새는 가볍다. 푸른 하늘에서 유영하는 새들의 뼈는 속이 비어있다. 무겁게 땅에 뿌리를 내리는 생명은 날수 없다. 사람이 나이가 들수록 삶의 터전을 옮기기 어려운 것도 삶이 켜켜이 쌓여 무게를 더한 탓일 게다.

새는 필요 이상 커다란 집을 짓지 않는다. 온기를 전해줄 아담한 둥지만이 있을 뿐, 살림살이를 늘여둘 커다란 집을 짓지 않는다. 가벼운 둥지는 새들의 미덕이다. 살림살이가 자꾸만 늘어나 집이 좁아지는 것이 맘도 좁아지는 것처럼 답답했는데 간소하게 살아야겠다.

새는 평화롭게 공존한다. 평화의 상징은 아무래도 새가 제일이다. 새는 욕심을 부리지 않아서 먹이를 쌓지 아니하고 그들에게 알맞은 곳에서 자기 몫을 쓰고 산다. 부리와 다리가 먹이에 알맞게 나뉘었는지 새들은 자리다툼을 하지 않는다. 툰드라의 차가운 공기를 마시는 두루미와 고니, 날개가 허리춤에 돋아나 짧은 꽁지를 드러내고 날갯짓을 하는 오리들, 넓은 소매를 펼치고 손가락을 편 것처럼 활공하는 독수리한테도 시베리아의 고요가 있다. 새들은 호숫가나 저수지나 바닷가에서 평화롭다. 나무 위에서도 산속에서도 다른 삶을 방해하지 않고 스스로의 삶에 집중하는 모습이 순하다.

작은 몸집의 생명이나 커다란 덩치의 목숨도 같은 무게의 값어치로 어울려 산다. 작은 새는 적게 먹고 큰 새는 많이 먹지만, 작은 새는 바삐 움직이고 큰 새는 한번 날아오르는데 용쓰듯 한다. 그러니 흑두루미가 박새보다 살기가 더 수월한 것은 아닐 것이다.

새는 자유롭다. 펭귄은 바다에서 새처럼 난다. 맘껏 나는 펭귄은 날렵하고 매끈하다. 재깔거리는 새들의 말은 알아들을 수 없으니 더욱 자유스럽다. 친구나 알아들을 이야기를 하고 다른 삶에 간섭하지 않으며 유유자적하는 모습이 덕 있는 은자(隱子) 같다. 바람을 타듯 날개를 활짝 펴고 날아가는 모습은 황홀하게 멋스럽다. 맘이 가는 곳에 아늑한 둥지 하나 만들고 산과 들을 쏘다닌다. 작은 개울을 날아 굵은 상수리나무에도 앉고 옹달샘에서 목을 축이면 신선이 따로 없다. 산과 들과 해와 별에 얽매일 뿐, 먹이와 체면에 자유로운 것이 미덥다.

우수도 지나 따뜻한 기운이 퍼지면 나도 새들처럼 자유롭게 날고 싶어서 마음이 앓는다. 무거운 몸과 자리다툼하는 마음과 그물망으로 얽매인 삶에서 겨우내 입었던 두툼한 외투를 벗고 가볍게 비상하고 싶다. 책 속에서 여행하고 영화 속에서 휴식하고 가끔 산과 바다를 찾아가 먼지도 씻어내며 나는 애면글면 새들처럼 살고 싶다. 새들처럼 가볍고 평화롭게 공존하고 싶다.

(2011년)

오래된 편지

 헤어진 지 오래되어 연락이 끊긴 친구들로부터 연락이 닿기 시작하였다. 시골 출신인지라 초등학교 친구들은 부모형제까지 웬만하면 다 알만 했지만, 대다수의 중학교 친구들은 설령 스쳐 지나간대도 알아볼 수조차 없을 것 같았다. 사람 좋아하는 나는 그 점이 못내 아쉬웠다. 그러던 중에 짝꿍이 찾는다는 소식을 들었다. 초대해준 앱에 가입하고 보니 친구가 기다리고 있다. 이미 여러 친구들이 그곳에서 소통하고 있었다.
 500명을 훌쩍 뛰어넘는 친구들로 인해 졸업앨범을 찾아 얼굴을 맞춰보고, 기억을 더듬으며 열여섯 살 때의 얼굴들을 사진에 담아 띄우고, 선생님들의 사진도 담아냈다.
 3학년 때의 담임 선생님이 무척 보고 싶었으나, 30년의 시간 동안 안녕하신지를 알 수 없어 조심스레 물어보았다. 그랬더니 아는 친구가 있었다. 연세가 많아 뵐 수 있을지 염려했던 선생님께서 살아계신다고 하였다. 먼 하늘을 지나 시공간을 초월하여 날아온 소식으로 잠을 이룰 수 없었다. 선생님께서 살아계신다는 말에 선생님으로부터 온 편지를 다시 펼쳐보았다.

70원짜리 첨성대 우표에 다섯 자리 우편번호에 '이 채연 부'가 또렷한 편지봉투. 6통의 편지는 누르스름하게 빛이 바랜 채 봉투 안에 잠들어 있다. '너는 머리도 좋고 착실하고 얌전하니 앞으로 잘 살 수 있으리라 믿고 또한 너의 앞날을 위해 하나님께 빌겠다. 나는 마음속으로는 친딸같이 생각하고 있다'고 하신 첫 편지에서부터 1987년 12월의 편지엔 '아빠로부터'라고 끝맺고 있다. 어려움을 참고 꿋꿋이 살기 바라는 말과 축복의 말이 편지에 가득하고 행간에 사랑의 마음이 가득 채워져 있다. 친구들 소식을 전하고 가정사도 일부 얘기하고 안타까움을 토로하셨다가 희망과 기대와 축복의 말들이 이어졌다.

교만하였던 거다. 나 혼자의 힘으로 이겨내고 살아낸 게 아니었던 거다. 선생님의 편지를 보니 선생님의 염려와 기대와 사랑이 큰 힘이 되어주셨던 것을 알겠다. 어렸을 땐 일찍 철이 들어 어지간한 일은 모두 안다고 여겼다. 개인이 가진 의지의 한계도 안다고 생각했고 환경적 제약이 주는 압도적인 크기에 대해서도 안다고 믿었다. 재주가 있어도 혼자 힘으로는 그 재주를 키우고 펼치며 살기엔 턱없이 세상의 벽이 높다고 보았다. 잘하는 게 많고 더구나 공부하는 재능도 있는데, 공부할 수 없는 환경은 사형선고와 무에 다를 게 있냐고 항변하고 싶었다. 공부해야 좋은 삶으로 이어질 수 있다고 믿는 사람이 공부보다 한 달에 몇 만 원의 소득이 더 중요하다고 여기는 환경에서 얼마나 좌절하고 절망해야 했는지…. 누가 아냐고 외치고 싶었다.

고향집에서 동생이 양면 괘지에, 노트에, 뜯은 연습장에 보내온 편지엔 절반이 '보고 싶다'는 말이고 절반이 '돈이 필요하다'는 말이었다. 그 편지를 근래 다시 읽으면 안타까움과 속상함이 교차한다. 사람의 가장 기본 욕구가 보장되지 않는 삶에서 언니의 꿈이나 고뇌는 중요하지 않을 수도 있었겠다 하는 생각에 이르면 마음이 아팠다.

선생님의 편지엔 안타까움과 사랑과 희망이 글에 행간에 가득하다. 내가 어려운 고비들을 넘기고 공부를 놓지 않고 살아온 까닭 중엔 선생님의 염려와 축복이 어느 정도 힘을 발휘한 거란 생각이 든다. 아버지도 늘 배우라는 말을 서각처럼 새겨 놓으셨지만 선생님도 거드신 거 같다.

학교는 좋은 기억들로 가득하다. 나의 결핍이 학교에서는 영향을 별로 미치지 않았다. 오히려 학교에서 결핍을 상쇄하고도 남을 힘을 받았다. 초등학교 때의 몇몇 선생님, 중학교 때의 선생님들, 고등학교 때의 선생님들, 대학과 대학원의 교수님들이 앞에 뒤에 곁에 계셨다. 지켜봐 주고 힘을 주고 응원해주고 예쁘게 봐주신 선생님들이 계셨다. 아껴주신 분들이 도처에 계셔서 아버지의 부재를 견뎌낼 수 있도록, 삐뚤어지지 않도록 돌봐주신 것 같다.

초등학교 때 선생님들께서 3, 4학년 때부터 빨간 색연필로 월말평가 시험지 채점을 돕게 하고, 키 크라며 급식으로 나온 사과 등등을 챙겨주셨다(놀랍게도 벽지 급식 시범학교여서 1970년대 중후반에 급식을 먹었다). 죽도봉에서 열린 순천시·승주군 초·중·고 글짓기 대회에 데려간 6학년 때의 조병천 선생님. 어떤 에피소드도 없었는데 선행상을 주시던 중학교 1학년 때 담임 선생님. 호남예술제 수상자가 발표된 《광주일보》를 들고 교문에서 기다리시던 이채연 선생님. 고등학교 졸업식 날, 졸업식이 끝나고 교무실로 불러서 석정의 '작은 짐승'을 필사한 『홀로서기』 시집을 주시며 "곱고 힘 있게 살거라!"는 메시지를 적어주신 김순혜 선생님. 고등학교 때, 습작하던 중단편소설 원고지 천여 장을 읽어주신 민영해 선생님. 서른일곱 살 때 90시간의 논리학 수업에서는 탁월하다는 소리를 몇 차례 들었다. 철학 수업은 황홀했다. 최종천 교수님과 황갑연 교수님, 안옥선 교수님의 강의는 영혼을 샤워하듯 청량했다. 그 어떤 때보다 행복했다. 살면서 그렇게 충만감을 느낀 적이 있었던가. 다른 욕망이 모조리 사라졌었다. 그날들과 그 후로도 한 동안….

그래서 결국 대학교에 진학했다. 대학 입학 서류를 접수하러 갔더니 고등학교생활기록부를 보고 "부모님께서 키울 때 행복하셨겠다"라고 하였다. '서류 하나 보고 그게 보이나' 싶다가 뜻밖에 알아주는 사람이 있어서 뭉클했다. 대학교는 전 학기 전액 장학금으로 다녔다. 대학원에서도 수업 시간은 늘 좋았고, 발표와 토론도 무척 즐거웠다. 오롯이 온전히 살아있는 것 같다고 할까.

　선생님을 그리다가 그동안 보관해 온 편지를 읽으며 새삼 글의 위력을 느낀다. 바위에 새기듯 한 글자 한 글자가 살아있다. 30년이 다 되어가는 편지를 읽는다. 시집에 쓰인 글귀를 읽는다. 그 글귀에서 아직도 생생한 말을 듣는다. 마음을 읽는다. 그 마음이 여전하다.

　마음속에 넘치는 말들을 친구에게 편지를 보내며 지낸 적이 있다. 어찌 보면 그때가 생각이 많고 몹시 힘겨울 때였는데 하고픈 말을 친구에게 보내며 견뎌냈는지도 모르겠다.

　편지는 쓰는 사람에게도 받는 사람에게도, 그 당시에도 시간이 한참 지난 후에도, 사람의 마음을 치유하고 이끄는 힘이 있는 것 같다. 이제 편지는 유물이 되었다. 핸드폰으로 소통이 빠르게 이루어지니 편지는 쓰지 않는다. 마음을 다듬어 편지를 쓰는 대신 짧게 쉽게 재미있게 SNS로 소통한다. 그만큼 SNS의 글은 가볍다. 꾹꾹 눌러쓴 마음이 사라져 간다. 이제 나중에 읽을 편지는 더 없다. 편지를 쓰지 않는 지금이 오히려 허허롭다면 무리한 해석일까?

(2014년)

그까짓 것

　무심히 혹은 가볍게 소일하다가 어떤 말이 귓가를 때렸다. 그 말은 곧바로 날아와 가슴에 박혔다. 말이 아프다. 이런 고약할 데가 있나? 이런 몰염치한 경우를 또 보다니….
　말이 주는 아픔은 크다. 아픈 말은 눈으로 들어와 가슴에 박혀 빠지지 않는 가시가 된다. 가슴속에 박혀 있어서 끄집어낼 수도 없다. 살 속에 박힌 가시라면 살을 헤집어서라도 빼내고야 말 테지만 가슴속에 꼭꼭 숨어버린 말은 아무리 헤집어도 잡히지 않는다. 마음 깊이 박힌 말은 때때로 비슷한 맥락을 만나면 가슴을 찌르고 후빈다.
　아침에 출근 준비를 하면서 뉴스거리 하나라도 귀에 걸리면 듣자는 심산으로 TV를 켜 놓는다. 뉴스를 흘려듣다가 사람들 사는 얘기로 옮길 무렵이면 출근 준비도 끝난지라 따뜻한 커피 한 잔으로 여유를 부린다. 독일에 간호사로 가서 그곳에 정착한 사람들 얘기를 흥미롭게 듣고 있는데, 그중 한 분의 말에서 그 흉한 "그까짓 것 해주고 뭘 해줬다고"가 들렸다. 아! 그 말은 금기어가 아니었다. 예의도 인지상정도 고마움도 모르는 염치없는 무지한 사람이 또 있나 보다. 아무래도 동생일 테지만 언니 혹은 누나의 그 어떤 희생 위에다가 그 무례한 '그까짓 것'이라고 했을까?

시골에서 자식들이 많다는 것은 축복이 아니었다. 자식들은 차례대로 식모로 혹은 공장엘 갔다. 평생 살아가는 방편이 농사뿐이라서, 농사밖에 몰랐던 시골에서 객지에 나가 돈 벌어 부치는 자식은 자랑거리였고 선망이 되었으며 은근한 압력이 되었다. 아주 모자라지 않으면 객지에 나가 돈을 버는 것이 자식의 도리라 여겨졌다. 상급학교에 진학한다는 것은 살만한 도시에서라야 가능하다고 생각했을까. 시골의 촌부들은 "누구네 몇 째가 어디에 취직해 돈을 얼마 번다더라"는 소식에 가장 관심을 가졌다.

H도 그러하였다. 싱그럽게 꿈을 키워가야 할 열일곱 살에 엄마와 하나 남은 동생을 위해 하는 수 없이 희생자가 되었다. 스스로를 위해 스스로 번 돈으로 피아노를 배우고 싶다는 소망도 표현하지 못한 채 버는 대로 고향집으로 부치었다. 88올림픽을 앞두고 급여가 차츰 나아지기도 했고, 스스로를 위해 돈을 쓸 줄 몰랐기 때문에 일한 대가는 통장에 쌓이고 고향집으로 보내어졌다. 저는 써보지도 못한 돈으로 동생은 상급학

교를 진학하고 막내라는 이유로 여러 가지 혜택을 누렸다. 동생은 대학도 거침없이 갔다. 노모의 건강 따위나 H의 희생 따위는 염두에 없었고 단지 도시의 상류층 아이들에 비해 모자란 용돈을 못마땅해했다. 대학 등록금을 H가 내줘도 고맙다고 하지 않았다. 그 이후로 여러 해가 지나도 한 번도 고맙다는 말을 하지 않았다. 그러기만 했어도 별일 없었을 텐데 때때로 H를 무시했다. 함부로 대했다. 무던하던 H가 비로소 "내가 너의 등록금도 줬잖아"라고 했을 때 "그까짓 것 얼마나 한다고"라는 말이 튀어나왔다. 그럼 그렇지. 그까짓 것이었으니 그동안 고맙다는 말 한마디가 나오지 않았던 거지. 그동안 H의 희생 따윈 아랑곳하지 않았던 거지. H는 그동안 수없이 받은 무시와 비아냥거림이 '그까짓 것'임을 알고 기막혀했다. 꿈조차 꾸면 안 되는 것처럼 스스로를 위하지 못하고 묵묵하게 일해서 보낸 기천만 원이 '그까짓 것'이라고 매도당하는 걸 서러워했다. "내가 기껏 너보다 두 살 많아. 내가 너의 보호자도 아니라고…."라는 H의 울먹임은 동생의 눈에 보이지 않았던가. 들리지 않았던가. 동생은 여전히 "그까짓 것 해주고 뭘 해줬다고" 했다.

이로써 가정의 표면적인 평화는 깨졌다. 한 사람의 희생이 '그까짓 것'으로 폄하되는 바람에, 20년이 지나도 여전히 '그까짓 것'이기 때문에 집은 흩어진 평화를 안으로 들여올 수 없었다. 누구는 "너만 고생했냐?"라며 비아냥거리고 비웃었고, 누구는 "왜 집을 시끄럽게 하느냐"고 면박을 주었다.

H은 무엇을 위해 희생했던 걸까. H는 누구를 위해 어린 나이에 낯선 객지에서 일한 돈을 그토록 오랫동안 집으로 부치었을까. 엄마의 사랑을 위해, 혹은 엄마의 근심을 덜어주기 위한 것이었을까. H도 전혀 고마움을 모르는 동생을 위해 10년 가까이 희생을 강요당하고 싶지 않았을 것이다. 한창 학교에 다닐 나이에 공장으로 내몰렸던 H가 고마움도 모른 채 미안함도 모른 채 자신도 결코 풍족하지 않다고 불만을 늘여놓는 동생에게 도대체 왜 희생을 해야 한다는 말인가.

희생이 혹은 헌신이 희생한 사람에게 반드시 보람으로 돌아오지는 않는다. 가족이라는 이유로 희생을 강요해서 이득을 본 사람이 있을 뿐이다. 그러나 한 사람을 희생해서 취해야 할 이득이란 없다. 그 사람이 자신의 권리를 누리고 있는지 권리를 박탈당했는지도 알지 못한다면 더욱 그렇다. 권리마저 박탈당한 사람의 희생을 두고 양에 덜 차느니, 뭘 대단한 것이라도 되느니 하는 것은 몰염치이다. 사람을 착취할 권한은 누구에게도 없다.

'그까짓 것'이라는 말은 희생한 사람의 삶을 부정하는 말이다. 희생을 비웃는 말이고 농락하는 말이다. 누가 누구를 위해 희생을 강요당할 수 있다는 말인가. 각자는 자신을 위해 살아야 할 의무가 있다. 지나치게 헌신한다는 것은 자신을 돌보지 않는 일이다. 자신을 돌보지 못한 채 누구의 감사와 칭찬이 무슨 소용이랴. 그나마 고마움을 알면 얼마나 다행인가. 도움이든 사랑이든 받기만 한 사람은 실상 고마운 줄 잘 모르는 게 이치 아니던가. 사랑이든 도움이든 주고받는 것이 바람직하다. 일방적인 관계는 건강할 수 없다.

사람은 서로 도와야 살 수 있다. 나약한 생명체로 태어나 성장하는 데 부모의 도움을 사회의 도움을 필요로 할 수밖에 없다. 성인이 된 후에도 크고 작은 도움을 받는다. 크고 작은 도움을 주기도 한다.

그러나 어떠한 경우에라도 인식하든 못하든 '그까짓 것'이라는 말은 삼가야 한다. 설령 누군가 공치사를 하는 것처럼 보여도, 누군가 과장되게 자신의 행적을 포장하여 생색을 내도 최소한 '그까짓 것'이라는 말만은 내뱉지 말아야 한다. 그 '그까짓 것' 안에 어떤 고통과 희생이 어떤 강도와 빈도로 담겨 있는지 모르기 때문이다. H는 아직도 '그까짓 것'이라는 말에 가슴이 먹먹하다. 미안하다거나 고맙다는 말은 아직 들려오지 않았다고 한다.

(2015년)

명절 보고서

 명절은 그동안 탈 없이 잘 살았다는 증표를 요구하는 청구서처럼 다가온다. 사회에서 표준으로 인정되는 삶을 살았거나 성공했다고 인정받는 사람들은 만면에 화사한 미소를 짓고 그동안의 삶에 보상을 받듯 득의만만하다. 사회의 기준에 미치지 못하거나 성공했다는 증거를 제시할 수 없는 사람들은 어떻게 해서든지 이 곤란한 청구서를 애써 무시하고 비상용이든 일회용이든 며칠 동안 가면이라도 써야 할 상황에 맞닥뜨린다.
 명절의 풍경이 해가 갈수록 스산해지고 혹은 번거로운 과제물인 냥 여겨진지 이미 오래이다. 인근에 일가친척이 모여 살던 농경사회에서 명절은 집단의 질서와 안녕을 꾀하는 중요한 수단이었음에 분명하다. 서로 가깝되 지나치게 경계가 흐트러지는 것을 막고 서로의 삶을 지지해주는 역할을 명절이 일부분 감당하여 주었을 것이다. 함께 어울려 농사를 짓고 일거수일투족을 노출하고 관찰할 수밖에 없는 농촌에서 명절은 너무 가까워지고 가벼워지는 것의 경계가 되어 소속집단이 유지될 수 있도록 그 역할을 충실히 해 왔던 것으로 보인다.

  1970년대 이후로 농촌의 청소년들이 도시의 공장에 나아가 쌀이 아닌 지폐를 일의 대가로 받아 고향에 돌아오는 때가 명절이었다. 중학교도 고등학교도 가지 못하고 눈물 대신, 돌이키기 어려운 희망 대신 받은 지폐로 농촌의 명절은 풍요로워지고 철없는 아이들에게 명절은 신세계가 되었다. 흙물이 빠지고 말갛게 도시물이 든 자녀를 부모는 대견해했는지 미안해했는지는 섣불리 판단할 도리가 없다. 누구의 딸이고 아들인 그들이, 누구의 언니이자 오빠이자 누나이자 형이던 그들이 입석열차를 타고 일곱 시간씩 오는지, 입석기차표마저 구하지 못해 한없이 멈춰 있는 고속버스를 타고 스물몇 시간씩 오는지, 죄수들 옷 같은 회색이나 군청색의 작업복을 벗고 시장에서 말끔한 옷 한 벌 사 입고 '나는 괜찮아요. 고생스럽지 않아요. 부모님과 동생들이 편할 수 있다면 그게 보람이에요' 하며 오는지 가족인들 다 알 수 있었으랴. 그중엔 고생하고 번 돈은 몽땅 써버리고 해맑은 얼굴로 돌아오는 이도 간간히 있었다. 그들도 말끔한 옷차림에 화사한 얼굴로 돌아왔으므로 이웃의 누구인들 그들이 얼마의 지폐를 들고 왔는지 어떤 선물꾸러미를 들고 왔는지 알 수 없으므로 명절은 그때부터 가정의 축제이든가 축제의 가면을 썼든가 한 모양이다.

누군들 청소년의 권리라든가 학습권에 대해 생각할 겨를이 있었는지 알 수 없다. 누구의 꿈이 산산조각 부서지고 흩어졌는지 누가 가난을 등에 지고 가족의 안녕을 담보하였는지 누가 있어 그들의 이야기에 귀 기울였을까. 1980년대 중반을 지나 서울올림픽을 앞두고 노동자들이 권익을 주장하기 시작하여 그들의 삶이 차츰 나아지고 그들도 새로운 꿈들을 꾸기 시작하였다. 그들이 가정을 꾸리고 자가용을 타고 명절에 귀향하는 풍경은 농촌에서 맞는 명절의 절정기였는지 모른다.

이제 그들의 부모는 연로하였거나 유명을 달리하였고 그들의 형제자매들은 아무도 고향에 남아 있지 않으며 그들의 고생 따위는 혼자만의 미담으로 간주되길 원한다. 그 고생을 알지 못하는 가족은 "피해의식이라느니, 옛날의 한을 떠올리지 말라느니, 다들 고생하였다느니" 하며 입을 막고 듣기를 거절하여 알고자 하지 않으며 추억을 나누려 하지 않는다. 부모를 위해 형제자매를 위해 열넷 혹은 열일곱에 대도시의 공장에서 일하던 농경사회의 막내들은 이제 자녀를 하나 혹은 둘만 낳고 그들의 자녀에게는 희생을 강요하지 않는다. 오히려 그들의 젊은 날의 눈물에 대한 보상처럼 자녀들에게 지원을 아끼지 않는다.

농경사회의 뒷모습이 흐릿한 그림자처럼 보이는 것 마냥 농경사회의 유산이라고 할 수 있는 명절의 형색도 어느덧 쇼윈도 부부의 연극처럼 우스꽝스럽고 딱하다. 아직 겉모습은 기품을 잃지 않았으나 속은 공허해지고 있는 형국이랄까. 개인주의가 만연한 사회에서 일 년에 두어 번의 전체주의가 급습하여 지배하고 있는 모습이랄까. 가정의 분화는 부부조차 개인의 가치와 사생활을 빌미로 개인주의로 나아가고 자녀들도 부모의 간섭은 거부하고 보호만 요청하며 역시 개인주의로 진행된 지 한참인데, 뜬금없이 명절만 되면 가족 중심에다 친족 중심까지 요구한다. 개인주의가 팽배한 가정마다 명절이 곤란한 과제물 같은 불편한 느낌은 아닐까.

명절을 전후로 이혼율이 급증한다는 뉴스가 세간의 이목을 끈 지도 한참 지났다. 평소에 여러 가지 위기와 어려움에 처한 가정은 명절을 기점으로 위기가 증폭된다. 가장의 권위가 예전 같지 않은데도 가장이 존경받지 못하는데도 명절은 가장의 체면을 제물로 내놓으라고 한다. 더구나 명절에는 가족의 협조 없이 가장의 체면을 살릴 길이 막연하다. 평소에 가족에게 못할 짓도 꽤 해왔던 가장에게 협조를 거부하거나 마지못해 최소한의 시늉만 하는 아내나 자녀는 가장에게 인과응보겠으나 보통 그런 행실을 하는 남자의 인격이 미숙하기 때문에 분노와 폭발로 파국으로 몰아가는 일이 드문 일도 아니다.

명절은 한 가정이 평소에 잘 살아냈는가를 평가받는 남편들의 기말고사 같은 것이기도 하다. 벼락치기 공부로 시험을 치르듯 명절을 앞두고 며칠 아내의 비위를 맞추거나 눈치를 살펴 낙제를 면하는 남편들이 있다. 벼락치기하는 성의조차 없이 막무가내로 기말고사를 보듯 아내와 자녀를 다그쳐가며 협박하며 명절에 가장의 권위를 내세우다가 싸움으로 명절을 보내는 남편들이 있다. 아예 기말고사를 거부하거나 하는 수 없이 낙제를 하는 남편들의 성적표는 초라하고 피폐하다. 남성 중심의 명절에서 방계 친족의 행위 여하에까지 아내들의 기말고사 답지엔 빨간 간섭이 들어오기도 하여 아내들도 기말고사에서 자유롭지 못하다. 아이들도 공부는 잘하는지, 말썽은 부리지 않는지, 조부모의 기대를 충족하는지, 사촌들과 비교에서 뒤처지지 않는지를 스캐너에 읽히듯 불편하다.

농촌에서 아랫목을 데우고 기다리는 연로한 부모도 없이 젊은 나날을 객지에서 고생한 고운 형제자매도 없이 명절은 세금을 납부하라는 청구서처럼 다가온다. 조상에 대한 차례를 지내지 않으면서도 누구보다 더 화려하고 거창한 차례가 차려지고 오는 사람도 없는 요지경 같은 명절을 보내는 사람도 있다. 어느 집에 어떤 명절 풍경이 펼쳐지는지 별일들이 일어나는지 알 수 없지만 명절이 기로에 선 것만큼은 분명해 보인다. 개인주의의 끝에서 친족 중심의 하루가 아름다운 추억을 선물해주지는 못할 테니까.

어느 날 명절을 주관하는 날이 오면 세금 부과하듯 청구서를 보내지도 않고 기말고사 치르듯 난처한 채점도 하지 않고 부모님 산소에 성묘나 다녀오고 맛있는 거 두어 가지 해놓고 가뿐하게 보내고 싶다. 이미 그 길로 뚜벅뚜벅 걸어가고 있는지도 모르겠다. 누가 그 좋았던 명절을 이상하게 뒤틀어 놨을까. 농촌사회의 몰락이었을까. 신자유주의의 광풍이 휩쓸고 간 나머지였을까. 흐르는 세월에 동심을 잃어버린 외로운 사람 때문이었을까. 몇 번의 청구서를 더 받게 될지 알 수 없지만 명절이면 담백한 하루를 지불하고 싶다. 자녀들의 건실함을 축원하고 젊은 날의 고왔던 자매들에게 안녕을 기원하는 명절이면 족하겠다.

(2014년)

물집

 여름 해가 거친 숨을 뱉고 난 뒤 한숨 돌리는 무렵이었을까? 아르바이트를 갔던 작은 아들이 버스가 드문 곳에서 꼼짝 못하고 있다고 한다. 해지기 전에 별 탈 없이 돌아올 거라고 믿었던 아들이 하필이면 외진 곳에 혼자 남겨졌다고 한다. 당장 달려가지 못해 애가 탔다. 퇴근시간은 십여 분이 남았는데 발이 먼저 동동거렸다. 골짝에 남은 아들을 데리러 서둘러 나섰다. 시골 정류장에서 이러지도 저러지도 못하고 있을 아들을 어서 집으로 데려오고 싶었다. 바삐 달려갔더니 아들이 시골 버스정류장에 얌전히 앉아 있다. 일터로 데리고 갔던 사람이 먼저 나오고, 다른 일꾼들은 돌아가는 방향이 달라서 혼자 남겨졌단다. 차에 탄 아들은 몸에서 냄새가 나지 않는지 묻는다. 일하면서 땀을 $3l$ 는 족히 흘렸을 거라고 한다. 땀 냄새는 전혀 나지 않았다. 젊은 사람이 흘리는 땀은 냄새가 나지 않는다는 것이 지론이다. 젊을 때는 땀이 마르고 나면 아무런 냄새가 나지 않았다는 것이 기억이요, 느낌이다. 아들이 땀을 흠뻑 흘렸다는 것을 후각적 정보로는 알 수 없다. 다만 아들의 손에 처참한 노동의 흔적이 남아있다.

손바닥의 살가죽이 부르터 올랐다가 터진 곳이 두 곳이다. 물집이 잡혀서 터진 곳에 살가죽이 뒤집혀 있다. 얼마 만에 보는 물집인가. 손바닥의 물집을 보며 도대체 무슨 일을 한 것인지 황당하다. 웬만하면 작업도구가 있고 기계도 있지 아니한가. 태양광 시설을 한 곳이라 기계가 들어가지 못해서 괭이와 삽으로 땅을 팠다고 한다. 어쩌면 일을 해도 그런 일을 하게 되었을까. 아들의 손을 잡으니 물집이 자주 잡히던 지난날들이 불쑥 떠오른다.

나는 상당히 오래된 노동의 역사를 가지고 있다. 열세 살에 아버지를 잃었다. 그 전에도 아버지는 힘든 일을 할 수 없는 처지였기 때문에 농사일을 돕는 것이 예사이던 시골에서도 꽤 어린 시기부터 일을 해야만 했다. 초등학교에 입학하기 전에도 작은 대야를 이고 논에 따라가고 밭에 따라갔다. 엄마는 많은 밭을 가지고 있었다. 밭마다 고구마와 콩과 고추와 감자와 깨 등이 빼곡했다. 열한 살부터는 여름이면 무수히 밭을 맸다. 밭을 아무리 매도 내일 맬 밭이 대기하고 있었다. 밭 매는 일은 여름이 가기 전에는 끝날 것 같지 않은 끝없는 일이었다. 고구마 밭은 네 번을 매야 밭 매는 일을 그만둘 수 있었다. 열세 살에는 언니랑 남의 집 고구마 밭 매는 품앗이를 갔다. 하루 종일 쉬지도 못하고 고구마 밭을 맸다. 엄마 대신 간 처지라 소문난 일꾼인 엄마 몫을 하려면 언니와 둘이 잠시도 쉬어서는 안 된다는 각오를 했다. 어른들이 쉬라고 해도 언니와 나는 점심시간 외에는 잠시도 호미질을 느슨하게 할 수 없었고 호미를 내려놓을 수도 없었다. 앞에서는 쉬어라고 하지만 나중에 '애들을 대신 보내서 엄마만큼 일을 하지 못 하더라'는 말을 들을까 염려하였다. 우리가 엄마만큼 일을 해내지 못하면 엄마의 흉이 될 수 있어서 품앗이꾼들이 모두 그늘에서 쉴 때조차 밭에서 호미질을 멈추지 않았다. 낫을 갈아가며 벼 베는 일도 당연히 했다. 열 마지기 남짓하던 우리 논의 벼를 베고, 손을 쳐서 말리고, 볏단을 묶어서 머리로 이어 날리고, 볏가리를 쌓았다. 가을 추수가 급하면 남의 집에 가서 벼를 벴다. 어른처럼 열두 포기씩 나란히 놓아가면 '손이 저리 작은데'라며 놀라워했다. 겨울에는 날이면 날마다 나무를 했다. 동네에서 먼 곳으로 가서 하루 종일 나무를 하고 나뭇동을 이어 날랐다. 삽으로 흙을 파 뒤집어 밭을 갈고, 거름을 내고, 논두렁 밭두렁 풀을 베고, 수확물은 머리로 이어 날랐다.

  엄마는 늘 새벽부터 바빴다. 남의 집 품앗이도 자주 갔다. 쟁기질이라도 할라치면 엄마 품앗이 두 개가 쟁기꾼 품앗이 한 나절로 셈이 되곤 했다. 엄마는 우리 집 논밭뿐만 아니라 동네의 많은 논밭에서 일을 했다.

  편찮으시나마 아버지가 계실 때는 일을 좀 많이 하는 시골 아이였다. 아버지의 부재가 명확해진 중학생 무렵에는 물집도 자주 잡히고 그 물집이 터지고 같은 자리에 또다시 물집이 잡히다가 굳은살이 박여서 컴퍼스로 푹 찔러 떠내고 뜯어내기도 여러 차례.

지금은 언뜻 손을 보면 굳은살의 흔적마저 아련하다. 손바닥을 쫙 펴면 굳은살이 박였던 자리가 다른 색을 띠며 노동의 흔적을 증명한다. 손은 수십 년 전의 노동을 기억하고 간직하고 있다. 추억 속 기억이 퇴화되어 갈 때도 손은 기억하고 있을 텐가.

부드러운 손바닥에 물집이 터지도록 용을 쓰며 일한 손을 오랜만에 보았다. 군 복무를 마치고 학교로 돌아가기 전에 필요한 돈을 벌겠다는 아들에게 그러라고 하였다. 짧은 시간에 원하는 만큼 돈을 벌려면 힘든 일을 해야 한다는 것에 동의했지만 터진 물집과 뒤집힌 살가죽은 언짢다. 대수롭지 않은 듯 "젊어서 고생은 사서도 하는 거야"라며 말을 건넸다. 덧붙여 "예전에 엄마는 중학생일 때 굳은살을 컴퍼스로 떠냈다"고.

나는 샌님처럼 책만 파고드는 것을 아름답게 여기지 않는다. 책을 통해 지식을 추구하고 지혜를 추구하고 삶의 가치를 찾는 것은 무척 권하는 바이지만, 땀 한 방울 흘리지 않고 사람을 이해한다는 것은 어불성설이라고 생각한다. 1960년대와 1970년대, 1980년대 노동자의 삶에 대해 알지 못하면서 우리 역사를 안다고 하는 것은 껍데기만 아는 것이라고 생각한다. 피할 도리 없이 끝없는 노동을 해야만 했던 수많은 이들의 역사를 이해하지 못한다면 도대체 무엇을 더 알아야 하는가.

다음날 아들은 물집이 터진 손으로 일을 나갔다.

(2017년)

자유를 향한 길

긴밀하게 얽히지 않는 자연은 본디 자유롭지만 얽히고설킨 그물망 속에서 살아갈 수밖에 없는 사람이 자유롭기는 여간 어려운 일이 아니다.

자유롭다는 것은 스스로 무언가를 선택할 수 있는 힘이 있다는 것이며 하고 싶지 않은 것은 하지 않아도 된다는 의미이다. 선택하고자 하지만 스스로의 의지가 아닌 가족의 강한 권유가 작동하거나, 나쁜 선택지 하나만 들이밀고 외통길로 몰아붙이거나, 좋은 어떤 것도 없이 희생을 강요당해도 피할 도리가 없다면 자유로울 수 없다. 니체에 의하면 스스로 선택하지 못하고 누군가의 결정에 따르는 것은 자유로운 상황에 있지 못한 것이며 노예에 다름 아니다. 노예는 자기 삶의 주인이 아니라는 의미로 주인에 대응한다. 자신의 삶을 선택하고 자신의 의

지대로 살아야 주인이다.

  오래된 강요와 순종의 문화가 깊숙이 스며있고 개인보다 집단을 더 중시하는 세상에서 나는 내 삶의 주인이었던 적이 과연 얼마나 있었던가. 걱정 많은 엄마의 말씀을 거역할 수 없었다. 어리광을 부리고 심통도 부리고 여러 감정을 드러낼 시기에 그 선택은 피할 수만 있다면 피하고 싶었다. 앞에 주어진 잔을 밀쳐버리든가 내동댕이쳐서 그 잔을 마시느니 차라리 죽는 게 나을 만큼 그 선택은 받아들이기 싫었다. 죽어야 사라질 괴로운 선택을 강요당했다. 스스로 결정하지 않은 선택은 선택이 아니다. 아무리 가족을 위한 길이었다고 해도 지난 삶에는 노예의 흔적이 여실히 또렷하게 남아 있다.

  스무 살이 되기 전에 원하고 바라는 것을 선택할 자유 없이 부모님이 강하게 요구한 길을 마지못해 운명처럼 받아들이고 살아온 수많은 삶들. 스스로의 선택이 아닌 강요받은 삶은 자유로운 삶이라고 할 수 없다. 자신의 가치에 따라 선택하지 못하고 꿈을 보류하고 혹은 포기하고 원하지 않는 학교에 원하지 않는 직장에 내몰리는 일은 얼마나 흔했던가.

  일찍 철이 들었는지 아버지를 잃고 엄마가 느꼈던 불안과 두려움을 이해했다. 열세 살이 지나며 본 엄마는 늘 울었고 늘 약자였으며 늘 일만 했고 늘 불쌍했다. 천진난만한 동생들도 아주 예쁘고 착하고 불쌍했다. 나는 선택의 자유도 없이 엄마와 동생들을 나보다 먼저 생각해야 했다. 그렇다고 엄마와 동생들을 위해 오랫동안 늘 헌신했다는 얘기는 아니다. 선택할 수 없었다는 것이 아팠다는 것이고 피할 수 있는 길이 있었다면 그 길이 더 아프고 힘들었어도 그 길을 갔을 거라는 것이다.

결혼을 하고 자녀를 낳아 양육하면서도 시댁과 남편의 강요에 어쩔 수 없이 원하지 않는 생활들을 이어온 사람은 또 얼마나 많은가. 사회적 가치와 남성 중심의 문화가 주는 유언 무언의 강요들, 무엇보다도 엄마라는 이름이 멍에가 되어 자식을 위해 스스로 자신의 삶을 선택하고 개척할 엄두도 없이 무던히 견딘 삶들은 또 얼마나 많은가.

결혼하고 아이들을 낳아 기르면서 불합리하고 도덕적이지 않으며 요지경 같은 낯선 세계를 보았다. 일찍 세상을 안다고 여겼지만 전혀 몰랐던 또 다른 세상이 존재했다. 그 요지경 같은 곳에서 삼년 동안 온갖 수발을 들며 살았다. 독립 아닌 독립을 했지만 익숙한 삶의 틀이 오랫동안 영향을 발휘하였다.

주인이면서 동시에 노예일 수 없듯 독립과 의존도 양립하기 어렵다. 공존은 요원했다. 중년에 들어선 이후에야 비로소 간절하게 바라던 공부를 선택했다. 스스로 감당할 수 있을 만큼의 시간과 돈이 소용되어야 했다. 초등학교와 중학교에 다니는 아이들이 셋이 있으니 어쩌랴. 공부를 하다 보니 멈출 수 없어서 박사과정까지 근 십 년 동안 이어졌다. 보류되었던 공부를 느지막하게나마 선택했고 학교에 다니는 자유를 누렸다. 석사과정을 마친 후에 일도 가지게 되었다. 하고 싶었던 공부가 일로 이어져 경제적 독립을 위해 딛고 설 바탕도 마련해 주었다. 전 생애에 걸쳐 가장 강력한 자유는 공부할 수 있는 자유였고 학교를 다닐 자유였다.

　자유를 향한 또 하나의 길은 자동차다. 일을 시작하면서 부득이하게 자동차가 필요해서 누군가 타던 작은 차를 장만했다. 자동차가 없어서 불편했던 일은 하고많다. 그중에 가장 컸던 일은 큰아들이 신병훈련소에 입소하여 5주간의 훈련을 마치고 수료식을 하는 날에 있었다. 전날 장을 보고 새벽에 큰아들이 좋아하는 음식을 장만하여 가방 세 개에 나눠 싸놓고 출발 준비를 마쳤다. 출발시간이 임박하였는데 남편이 안 가겠다고 어깃장을 놓았다. 열 시까지 논산에 갈 수 있는 다른 차량이 있는 것도 아니었고 당장 출발해야 했다. 이러지도 못하고 저러지도 못한 채 발을 동동 구르다가 음식이 든 가방을 들고 무작정 내려가서 기다리다가 아침 소란으로 학교에 늦은 막내를 태우는 남편 차에 올라탔다. 자동차가 있었다면 굳이 그 차에 타려고 그리 동동거렸을까. 전날 저녁에라도 안 간다고 했으면 혼자서라도 대중교통으로 미리 출발했을 터이다. 큰아들은 그날의 소동을 모르겠지만 그날만큼 자동차가 간절하게 필요했던 적은 결단코 없었다. 무거운 장짐도, 무거운 책가방도, 폭우 때의 축축한 버스도, 눈보라가 휘몰아치는 저녁에 꽁꽁 언 손발로 버스를 기다리며 동동거릴 때보다 그때가 가장 자동차가 간절하게 필요했다. 애태울 필요 없이 시동을 켜고 출발하면 그만일 터이다. 작은아들이 신병훈련소에 입소할 때와 수료식 때는 내 조그만 자동차로 경기도 북부까지 새벽에 출발하여 밤늦게 돌아와도 자유롭기 그지없었다. 자동차는 행동의 반경을 넓혀주었고 선택지를 풍부하게 했다. 터무니없이 발이 묶여 동동거리는 일도 없애주었고 어디든 시동을 켜고 출발할 수 있게 해주었다. 자동차도 공부만큼의 자유를 주었다.

공부를 하고 일을 하고 자동차를 가지게 된 것은 자유를 찾는 여정이었고 자유롭고자 하는 행위들이 만들어낸 길이었다. 내 삶은 자유를 향한 발걸음이었다고 단언해도 되리라. 아직 완전한 자유를 쟁취했다고 할 수 없지만 상당한 자유를 이루어냈다. 처음부터 주어진 자유가 아니라 하나하나 내 손으로 내 발걸음으로 이루어낸 자유. 앞으로 십 년 후엔 얼마나 더 자유로울지 궁금하다. 더 폭넓은 자유가 더 편안한 자유가 한 걸음 더 가까워지고 있다.

(2018년)

감성 공부

 새가 두 날개로 날 듯 사람이 사는 방식에는 이성과 감성이 작용한다. 따뜻한 가슴과 차가운 머리를 가지는 일은 결코 만만치 않다.
 이성을 갖춘다는 것은 인간적인 매력의 반을 갖추는 것과 같다고 할 수 있다. 합리적인 이성을 갖추었다는 것은 적어도 그가 논리도 없이 고집을 부리거나 말도 안 되는 오기 따위로 괴롭히지 않을 것이라는 안도감을 갖게 한다. 이성을 갖춘다는 것은 공동의 이해 영역을 확보하며 논리적으로 납득이 가능하다는 것을 내포한다. 앞뒤가 맞지 않은 말로 몰아붙이지 않는다. 그렇게만 되어도 삶의 절반은 평화로울 수 있을지 모른다는 기대를 품는다.
 이성에는 참과 거짓의 경계가 있다. 참과 거짓을 가려내는 정도의 이성이라도 지녔다면 그는 더불어 살 수 있는 사람이라고 할 수 있다. 그 자그마한 이성마저 갖추지 못하고 이익에만 매몰되어 있는 사람은 참으로 난감하다. 그런 사람은 개인의 이익을 제외하고는 도무지 무엇이 그를 움직일 수 있을지 알 수 없다. 이치에 닿지 않은 말을 하는 사람과 마주하면 두껍고 높은 담벼락을 마주하고 선 것처럼 갑갑하다. 참과 거짓을 어느 정도는 분별하고 옳고 그름을 어느 정도는 분별하는 이성의 힘은 얼마나 간절한 소망인가. 말이 통한다는 것은 얼마나 좋은 일인가.

도무지 이해되지 않고 이해할 수 없는 상황들이 눈앞에 펼쳐지고 있는데 요지경에서 벗어날 힘이 턱없이 부족했다. 어쩌랴. 좋은 사람들이 모여 있는 책 속으로 들어가 두툼한 책 속에서 안식을 구하는 것도 나쁘지 않겠다 싶은걸. 공부는 끝이 없고 알아야 하는 지식도 끝이 없겠지만 이성의 힘이라도 채우지 않으면 감당할 수 없을 것 같은 예감이 드는 걸. 논리적 사고와 이성적 사고가 마음을 편안하게 해 주는 걸. 진리가 나를 자유롭게 하리라.

감성은 알맞게 느끼고 표현하는 것의 스펙트럼이 있다. 그 감정의 정도에 알맞게 느끼고 표출하는 것이 중요하지만 지나치거나 모자라는 일이 다반사이다. 감성을 갖춘다는 것은 인간적이며 따스함을 느끼게 한다. 아름다운 자연을 보고 찬탄하거나 어린아이처럼 즐거워하거나 감출 수 없는 기쁨을 전하며 자신뿐만 아니라 주변의 사람들에게도 에너지를 전달한다. 감성은 본능이라 좋지 않은 감성도 있게 마련이다. 불안이나 두려움이나 미워하고 화내는 것은 강한 감정이다. 강하므로 조심히 다루어야 한다. 게다가 부정적인 감정이 덩어리져 있으면 몹시 다루기 힘든 강력한 에너지 덩어리가 된다. 자칫하면 폭발할 위험성이 큰 화학약품 같다. 이 위험한 부정적인 감정 덩어리가 미숙하고 서투른 관리자에게 주어져 있으면 그 주변은 편할 날이 없다. 어떤 이들은 그 에너지를 다루지 못하여 스스로 화염의 상처를 입고 평생 흉터를 지니게 되고, 여차하여 가장 가까운 사람에게도 그 화염을 번지게 한다. 모진 사람 옆에 있다가 벼락 맞는다. 합리적으로 이해할 수 없는 분노를 표출하는 사람 곁에서 멍들지 않으려면 되도록 그런 사람을 멀리 하는 것이 가장 좋다. 그를 치유해보려고 덤벼들다간 무지막지한 핵폭탄에 피폭될 위험도 상당하다. 대부분 난처한 인연은 가족이란 이름이거나 결혼이란 제도 속에서 생겨나기 마련이다. 상처는 친밀감을 먹고 자라므로 가깝지 않은 사람은 상처를 크게 입히지 못하고 강렬하지도 않다.

　감성의 영역은 몹시 복잡하고 난해하다. 사단(仁義禮智)보다 칠정(喜怒哀懼愛惡慾)의 에너지가 더 본능적이고 강력하다. 본능을 적절하게 통제하는 것은 마음공부를 중시했던 동양철학의 화두였고 숙제였다. 이성을 알맞게 갖추는 것보다 감성을 적절하게 사용하는 것이 훨씬 어렵다. 부정적인 감성을 되도록 회피하거나 부인하는 것으로 되지 않는다. 화를 내야 할 일에 화를 내는 것은 당연하다. 정의가 훼손되었을 때, 약자가 부당하게 당하고 있을 때, 거짓과 권모와 술수로 개인의 이익을 취할 때는 화를 내는 것이 맞다. 화를 내는 것이 옳지 않다는 믿음은 세상이 모두 이치에 따라 움직이고 합리적이며 선함과 공동선이 작동한다는 가정 하에서나 타당하다. 강자가 약자에게 화를 내고, 부당한 사람이 온당한 사람에게 화를 내고, 옳지 않은 신념을 지닌 사람이 무고한 사람에게 화를 내는 것이 옳지 않다.

감정의 잘못된 표출은 자칫 불처럼 번져 마음속의 좋은 감정들이 설 자리까지 침범하여 마음을 황폐하게 태워버린다. 좋지 않은 감정을 알맞게 처리하기 쉽지 않으므로 그 감정들을 때때로 무의식의 깊은 바다에 수장시켜 버리기도 한다. 감정들이 억제되고 무심해지면 마음 밭에 감정들이 골고루 자라지 못한다. 화를 참기만 했던 사람은 기쁨을 표현하는 데에도 참음이 간섭하게 된다. 마음 밭은 금방 돌무더기와 잡초가 무성하게 자라나 바람이 휭하게 부는 벌판이 된다. 감성의 억압은 좋지 않은 감정뿐만 아니라 좋은 감정까지도 방해하여 그 사람의 마음을 메마르게 한다.

앎을 추구하는 것은 결국 그 앎의 드넓은 지평의 한 구석을 보고 마는 일이거나, 경중경중 뛰어다니다가 많은 것을 못 보고 놓치는 것일 수도 있다. 그러나 마음공부를 위해서도 이성의 공부는 필요하다. 마음의 색깔과 강도와 정도를 명확하게 보는 것이 우선이기 때문이다. 이성의 힘이 합리적인 잣대가 되어 감정을 잴 수 있다면 이성은 마음을 다스리는 좋은 친구가 된다. 상당히 많은 경우에 감정은 제가 가진 얼굴을 다 보여 주지 않는다. 감정의 본질을 아는 것은 감정이 갑자기 커지는 것을 막아준다. 또한 큰 덩어리로 뭉쳐있는 부정적인 감정 덩어리를 적절한 이름으로 작게 쪼개서 그에 알맞게 반응하도록 돕는다. 2단계로 반응할 것을 9단계로 반응하지 않도록 제어한다.

이성 공부 못지않게 감성 공부가 필요하다. 십 년을 묵혀둔 감정도 여전히 타오를 정도의 에너지와 불씨를 간직하고 있다. 이십 년이 더 지난 감정도 마음 저 아래에서 차례를 기다리고 있다. 도대체 얼마나 많은 화들을 묵혀둔 것인가. 햇볕 좋은 날 그 감정들을 꺼내어 햇빛에 소독하듯 마음의 힘이 넉넉한 날에 그 감정들과 하나씩 마주 앉아 그 감정들과 화해해야겠다.

합리적인 이성도 갖추지 않고 합당한 감정표출도 하지 못하는 사람과의 만남은 힘에 부친다. 마음을 불편하게 하는 무엇과 언제쯤에야 편안한 만남이 가능해질까. '시거든 떫지나 말고 얽었거든 검지나 말지'라는 말을 중얼거리는 일 따위는 없었으면 좋겠다. 언젠가는 그리 될 터이다. 합리적인 이성을 확충하고 감성도 찬찬히 들여다보며 공부할 테니까.

(2013년)

도서관 향기

 책이 있는 풍경은 편안하다. 책이 있는 풍경은 어떤 훌륭하고 아름다운 경치보다 마음이 쉴 수 있는 안식처 같은 느낌을 준다. 한 권의 책이 주는 아늑한 분위기는 마음을 아련하게 하고 책들이 나란히 놓여 있는 자리는 더욱 고아하다.
 시골 학교의 2층엔 도서관이 있었다. 2층 전체가 도서관이었던 것은 아니고 한쪽엔 교실이 있고 교실 하나만큼의 넓이에 책장들이 줄지어 섰고 책장들에는 책들이 키를 맞추어 가지런히 꽂혀 있었다. 그렇게 많은 책을 한 번에 본 것은 처음이었다. 열 살쯤이었을까. 논과 밭과 들과 산을 뛰어다니며 원시 그대로의 자연을 만끽하며 천방지방 놀던 아이가 새로운 세계를 발견한 경이로운 날이. 처음 접한 책이 아주 재미있는 새로운 세계를 열어 보여 주었던 모양이다. 도회지보다 수 십 년은 뒤떨어진 것처럼 오로지 농사를 짓고 전통을 오래 간직하며 하던 대로 살아오던 산간오지인 동네와 겨우 학교 밖에 모르던 아이가 전혀 새로운 세계로 진입한 것이었으니. 도서관에는 책이 많았으므로 한 권을 읽고 또 다른 책을 읽어도 늘 새로운 이야기가 기다리고 있었다. 아마도 집에 텔레비전이 없었던 영향이 컸겠는데, 책 속의 이야기에 빠지면 시간은 언제 가는지도 모르게 훌쩍 지나있었다. 나만의 공간으로 시간으로 사람들로의 여행을 다녀오는 것 같았다. 똑같은 키의 책들을 읽고 나란히 옆에 있는 책들을 읽으며 어린 날들도 지나갔다.

　중학생이 되었을 때 시간이 나면 무엇이든 손에 잡히는 대로 읽었다. 교실 한쪽에 정겨운 캐비닛이 있었다. 거기에는 책들이 가득 차 있었는데 어느 책이든 재미있었다. 아버지의 부재에도, 어머니가 사서 하는 끊임없는 걱정에도, 언니들의 서글픔에도 매몰되지 않고 막연하게 공상에 빠져 시간을 그냥 보내지 않았던 것은 책이 함께 했기 때문이지 않았을까. 무균 사회 같았던 시골에서 아버지를 잃은 채 낯설고 기죽은 도시에서의 생활을 붙들어 준 하나의 힘은 책이 아니었을까.

　고등학생이었을 때 가벼운 소설은 싱거운 데다 말장난 같아 자연스럽게 거리가 생겼다. 대신『명심보감』과『채근담』,『논어』,『맹자』등이 들어왔는데 이제야 제대로 된 글을 읽을 수 있게 된 것 같이 글귀 하나하나가 맘에 들었다.『명심보감』에서 아버지에게 배우다가 미처 끝내지 못한 가르침을 이어받을 수 있었던 것 같다. 내게도 삶의 멘토 같은 스승이 생겼다고 기뻐했던 기억이 또렷하다. 읽는 김에『내훈』도 읽었으니 고등학생 치고 도서목록이 독특하긴 했다 싶다. 거기에다 온갖 신문에 정치 관련 월간지도 붙들고 읽노라면 그도 또한 재미가 쏠쏠했다.

오랜 시간이 지나 도서관에 갔을 때, 열 살쯤의 첫 느낌처럼 도서관의 향기는 좋았다. 서가에 가득 찬 책들이며 각기 다른 향기를 지닌 책들을 빌려 오는 길은 늘 즐겁고 신났다. 책들이 누군가의 손길을 기다리고 있는 것 같았다. 책을 집어 들고 집으로 가져오면 비로소 책들은 책장에서 나와 바람을 쐬고 빛을 보며 살아나는 것 같았다.

도서관에 간다. 위층으로 올라가면 책이 내뿜는 독특한 냄새가 물씬 난다. 오래된 책들이 품어내는 냄새가 훅하니 당겨 온다. 오로지 책들만이 만들어 내는 향기이다. 오래된 책들과 새 책들 사이에 향기가 오고 간다. 오래도록 그 자리에서 느긋하게 삶을 관조한 탓일까. 동서양의 숱한 사람들이 책 속에서 말을 걸어오는 걸까. 각양각색의 사람들이 섞여 있는 탓일까. 여러 사람의 손길을 거치며 커피 향을 더하고, 침 묻히며 책장을 넘기기도 하고, 여러 사람들의 체취가 섞이고, 잉크가 빛바래며 향을 더하고, 책을 만드는 데 쓰인 접착제가 스미며 냄새를 더한 탓일까. 도서관에서 나는 독특한 향기를 좋아하는 지라 가만히 이런저런 생각을 하다 보면 우습기도 하고 재미있기도 하다.

책들이 모여 고르게 서로 베인 냄새를 맡으며 책들 사이로 들어가는 일은 늘 기분을 좋게 한다. 포근하고 아늑한 보금자리인 듯 편안하다. 오랜 고향집에 돌아온 자식처럼 마음이 툭 놓인다. 책은 늘 안전했다. 아무리 어려움에 처해 있어도 책을 읽노라면 시간을 건너 어느 나라라도 갈 수 있었고 소녀도 공주도 장군도 될 수 있었다. 홀로 심심할 때 말을 걸어오는 친구가 되어주고, 막막할 때에도 또 다른 새로운 세계를 보여주었으며, 많은 사람들에게로 데려가 주었다. 시간을 훌쩍 뛰어넘고 공간도 훌쩍 뛰어넘으며 중국 한나라 때로 그리스로 지중해를 넘나들기도 하며 다양한 사람들을 만난다. 책 속에서라면 자유로울 수 있었다. 고요한 시간을 만들어 주었으며 평화로운 시간들을 내주었다. 늘 가는 자리로 가서 책들을 살펴본다. 오늘은 어떤 책에게 바람을 쐬어줄까 하며.

대학원생이 되어 책을 맘껏 빌리게 되자 부자가 되었다. 야속하게 제한한 도서관 때문에 서너 권을 추려 나오지 않아도 되는 세상은 더할 나위 없이 만족스러웠다. 고르고 싶은 대로 책을 꺼내 들어도 되었다. 누군가 연필로 공부한 흔적이 있는 책도 이제 갓 세상에 나와 아직 한 번도 그 속살을 보인 적 없는 책도 내 품에 들면 좋았다. 주제가 비슷비슷한 책을 뭉뚱그려 가져와서 어떤 책은 술술 읽고 어떤 책은 애써 읽고 어떤 책은 씨름하면서 읽는다.

도서관에 간다. 문을 열고 들어가면 익숙한 냄새가 반가운 도서관에 가는 것은 늘 설레는 일이다. 새로운 책들이 어느 순간 틈틈이 꽂인 채 살아 움직이는 도서관이 간직한 향기 속으로 간다. 삶의 한 축이 된 도서관으로.

(2015년)

바보예찬

 웃는 얼굴이 마냥 천진한 친구가 있다. 천성이 순하고 얌전한 데다 공부만 착실하게 하던 친구였다. 순도와 채도가 높은 친구는 가끔 언론에 오르내리고 있다.

 시골학교는 반이 둘이었다. 친구는 내리 1반이었고 나는 5년 동안 2반에 있다가 6학년이 되어 1반이 되면서 같은 반이 되었다. 친구의 이름이나 얼굴은 알고 있었지만 집이 반대 방향인 데다 남학생과 허물없이 지낼 만큼 넉살이 좋지 않았다. 6학년 때 친구는 반장을 했고 나는 부반장을 했다.

 81년 여름방학이 시작된 직후, 순천 죽도봉 공원의 '연자루'에서 백일장 대회가 있었다. 친구와 나는 선생님을 따라 순천으로 나오는 버스를 탔다. 5학년 두 명이 미술대회에 참가하느라고 같이 움직였다. 연자루에 도착하자, 꽤 큰 대회인지 사람들이 많았다. 그날 그곳에는 순천시, 승주군 관내 초·중·고 학생들이 시와 그림을 창작하는 행사가 열렸다. 초등학생들이 압도적으로 많았는데, 초등학교 수가 많고 학교마다 대표가 나오다 보니 그런 듯했다. 연자루 댓돌 아래에 신발을 벗어놓고 누각에 올라서 시를 써야 했다. 그림을 그리는 학생들은 죽도봉 공원 곳곳에 자리를 잡고 그림을 그렸다. 연자루 댓돌 아래에는 까만 고무신이 딱 한 켤레 있었다. 여름이어서인지 노랗고 빨간 구두들이 반짝거렸다. 간간히 운동화도 보였지만 반짝이는 구두들 사이에 까만 고무신이 혼자 놓여있었다. 나는 원고지를 제출하고도 한참을 연자루 위에 머물렀다. 친구가 아직 원고를 제출하지 않았으니 기다리기도 할 겸….

친구도 시를 마무리해서 선생님이 기다리시는 곳으로 갔다. 나는 자꾸만 까만 검정고무신에 와닿는 시선이 느껴졌다. 친구와 선생님과 팔마비도 보고, 동백나무 그늘이 짙은 계단을 오르내렸다. 5학년 학생들의 그림도 마무리가 되어 선생님은 우리 네 명을 중국음식점으로 데려갔다. 자장면을 사주신다는 것인데, 돼지고기를 먹으면 두드러기가 났던 나는 우동을 먹었다. 그도 익숙하지 않아 많이 먹지 못했지만. 난생처음으로 한 외식이었다.

글짓기에서 받은 상을 무척 좋아하셨던 아버지를 그해 초겨울에 잃었다. 워낙 벽촌이기도 했지만 중학교 진학을 못 하는 경우도 있었다. 여학생의 경우에 고등학교 진학률이 4할이나 되었을까. 386세대의 막내이면서 베이비붐의 막내쯤에 해당하는 우리 여학생들은 속절없이 객지로 내몰렸다.

공부를 곧잘 했던 친구는 6할이 넘는 시골 여자 친구들이 주경야독하는 상황을 어렴풋이 알았다. 친구는 꽤 문턱 높은 대학을 나오고 법무관이 되었다. 우리는 간간이 들려오는 친구의 소식을 우리 일이라도 되는 양 기뻐하고 자랑스러워했다.

열에 여덟아홉은 대학에 진학하는 때에 대학생 권장도서인 책들이 군대에서 금서로 지정되는 법이 만들어졌다. 친구는 이 법에 대해 인권침해를 주장하고 법의 타당성을 물었던 행위로 인해 법무관 8년 차에 파면당했다. 금서를 지정하고 있는 나라가 수단, 이란, 북한 정도라니 MB정권의 인권에 대한 인식은 참 낮기만 했다. 빨갱이가 될 수 있으니 교양도서를 읽지 말라니, 유치하고 예스러웠다. 연줄도 배경도 없는 시골 벽촌의 순수한 친구가 옳다고 믿는 가치 하나를 깃발처럼 들고 걷고 있었다.

친구의 신변에 어려움이 있다는 얘기를 들었지만 환하게 웃으며 친구들을 만나러 오는 모습을 보고 걱정 따위는 하지 않았다. 잘못을 할 친구는 아니니까. 그렇지만 친구는 시골에서 태어나고 자라 그런지 우직하고 바보스러웠다. 가장 강력하고 보수적인 집단인 군대와 정부에 이의를 제기하여 헌법소원을 낸 것은 바보라는 인증에 다름 아니다. 빛나는 별을 어깨에 붙이고 장군이라 불릴 수도 있었는데, 별을 바라보지 않고 가치를 바라본 것은 친구가 시를 썼기 때문일까? 가난하고 서글픈 청소년기를 아프게 보낸 친구들이 나침반처럼 가슴 한쪽에 남아서였을까? 나는 아마도 이러저러한 정황이 이 친구를 바보로 만드는데 일조하지 않았을까 하는 생각을 한다.

친구는 "잘못에 눈감지 않아서 오히려 마음은 편하다"고 했다. 아들아이와 딸내미와 놀아주며 좋은 아빠로 살고 있는 친구의 웃음이 해맑다. 친구는 계룡산을 오르며 우리들의 얘기를 귀담아 들었다. 동학사 아래에서 막걸리를 맛나게 마시며 우리는 바보를 응원했다.

나는 바보가 좋다. 개인의 삶만 챙기지 않고 잇속을 계산하지 않는 바보들이 좋다. 어쩌면 언젠가 인연이 닿았을지 모르는 '전태일'을 그리 잃은 것은 무척 마음이 아프다. 친오빠를 잃은 것처럼 마음이 아프다.

바보라는 애칭이 무척 어울렸던 바보 대통령도 좋아하는 바보이다. 아직 잠룡이었던 그를 희망 삼아 건패에 올리곤 했다. 아무도 그를 주목하지 않을 때부터 그는 바보여서 희망이 되었다. 때로는 만세삼창까지 부르며 환호하고 때로는 실망하며 차츰 덤덤해질 때 바보는 떠났다. 놀란 가슴에 그가 머물던 마을로 달려갔다. 마을 앞에서 한참을 서성거렸다. 바보 대통령의 부모님 산소는 그의 전부를 증명하듯 소박했다.

나는 바보들이 좋다. 바보들은 세상 물정 모를 만큼 순수하고 맑은 영혼을 지녔다. 그런 바보들을 좋아하고 사랑하는 사람들이 무척 많다는 것이 큰 위안이다. 그런 바보들이 오래 사랑받는다는 것이 다행이다. 길게 보면 옳은 것이 아름다운 것을 믿는다. '잘못에 눈감으면' 승승장구하며 어깨에 별을 한 개

두 개 붙일 수도 있었겠지만, '잘못에 눈감지 않아서 마음은 편한' 그로 살아갈 것을 안다. 바보들을 응원한다. 겨울을 지낸 봄볕이 따사롭다.

(2011년)

part 3

아픔일까, 그리움일까

감이 있는 풍경

파란 하늘을 배경으로 붉은 감들이 촘촘히 매달린 풍경은 시인이 아니더라도 감탄을 자아낼만하고 화가가 아니더라도 한 폭 그림의 소재가 될 만하다. 황량한 들에 두어 개 남은 까치밥에서는 사람 냄새가 난다.

밭으로 가는 언덕 길목에 커다란 감나무 세 그루가 있다. 어렸을 때도 꽤 컸던 나무들은 지금도 단단하게 밭 언저리를 지키고 있다. 흡사 오래된 장수 같다.

하얀 감꽃이 피면 초여름이 되었다. 여름 내내 감이 자랐다. 다 익기 전에 감이 떨어지면 소금물에 이삼일 담갔다가 먹었다. 덜 익은 감의 떫은맛을 우려먹었는데, 군것질거리가 없었던 시골에서는 그도 요깃거리가 되었다.

감을 따기 위해서 미리 간짓대를 준비해 두어야 한다. 날렵하게 곧게 자란 대나무를 미리 베어서 바람에 몸무게를 덜어내도록 헛간에 놔둔다. 갓 베어낸 대나무간짓대는 너무 무거워 힘이 많이 든다. 가벼워진 간짓대라야 감을 딸 수 있다. 감나무에 올라갈 때는 늘 조심하라는 말씀이 뒤따랐다. 감나무의 나뭇가지가 부러지면 비슷하게 꺾이지 않고 뚝 부러지면서 수직 낙하한다는 것이다. 그리하여 감나무 가지가 부러지면 다치기 쉽다는 염려는 늘 감나무에 오르기 전 안전수칙처럼 따라왔다.

감을 딸 때는 먼저 감나무에 올라 Y자 형태의 굵은 곁가지에 안정적으로 자리를 잡으면 바구니가 간짓대에 묶여서 올라온다. 바구니를 나뭇가지에 잘 묶어 놓고 간짓대로 감을 따는 일은 섬세한 힘 조절이 필요한 작업이다. 간짓대 끝 갈라놓은 틈에 감이 달린 가지를 깊숙이 넣어 돌려 딴 후, 수평으로 간짓대를 당겨서 꼭지에 남은 가지를 떼고 바구니에 담으면 한 개의 감을 얻는다. 한 바구니를 채워서 바닥으로 바구니를 내려 보내는 일은 힘 조절을 잘해야 한다. 모든 과일이 그렇겠지만 감도 껍질이 얇기 때문에 깨지거나 상처가 나지 않도록 어린 아이 내려놓듯 살포시 내려놓아야 한다. 중력에 가속도가 붙지 않도록 힘을 주어 바구니를 내려놓으면 감나무 아래에선 아버지와 동생들이 바구니를 받아준다.

따 온 감은 항아리에 짚을 깔고 차곡차곡 쌓여서 할머니의 요깃거리가 되거나 곶감이 되었다. 곶감을 깎아서 싸릿대에 꿰어 처마 밑에서 말리다가 꾸들꾸들해질 때 하나씩 빼서 먹으면 단맛이 더해져서 자꾸 손이 갔다. 마당의 커다란 감나무에 커다란 바소쿠리를 올려놓고 짚을 두껍게 깔아놓은 후 감을 넣고 다시 짚을 덮는 일을 반복한다. 그렇게 하면 설날의 차례까지 홍시를 보관할 수 있었다. 손님이라도 와서 사다리를 타고 올라가 홍시를 꺼내게 될 때 아버지는 홍시를 우리에게도 주었다. 고구마나 무가 간식의 전부일 때, 아버지의 홍시는 아깝고 소중한 별미였다.

우리 집 자매 중에서 감나무에 올라가서 감을 따는 것은 오랫동안 내 몫이었다. 나중엔 바구니를 받아주며 조심하라던 아버지도 없이 감을 땄다. 아이들을 낳고 난 후에는 감나무에 오르기가 여의치 않아서 감나무 밑에서 간짓대로 감을 따거나 오르기가 쉬운 나무에서도 후들거리며 감을 땄다. 그리고 형부가 감나무에 올라가면 조심하시라며 조금만 따고 놔두시라고 참견을 했다.

가을에 고구마를 캐거나, 벼를 벨 때, 감 홍시를 따서 엄마와 이모와 나눠먹는 것은 가을걷이 중 오아시스 같은 유쾌한 휴식이다. 타작에 이르기까지의 전 과정을 손으로 마무리해야 했기에 어린아이를 데리고 가을걷이에 나서야 했다. 엄마는 "가을에는 가난한 친정에도 먹을 것이 있다"며 홍시를 좋아하는 나를 자주 불렀다. 그냥 '가을걷이 도와주러 오라'고 하기는 멋쩍어서 그러나 보다 했다. 워낙 감을 좋아하고 홍시도 좋아하니 뭐라 한들 아니 갈까마는. 엄마가 부르는 데야 홍시가 없다고 안 갈까마는. 서너 살 아들이 논둑에 따라와서 따가운 햇살에 따박따박 걷다가 심심해할 냥이면 빨갛게 익은 홍시를 따주었다.

언젠가부터 삶이 다하고 난 뒤에 육신을 어떻게 할까 하는 생각이 들곤 했다. 곰곰이 생각하다가 고향 감나무 중의 가장 오른쪽에 있는 감나무 아래가 제일 좋겠다는 생각을 한다. 가장 잘 올랐던 감나무이며 가장 넓게 뿌리를 내렸는지 감나무 가지가 가장 넓게 자라서 보기에 넉넉한 나무다. 그 나무 아래에서 수고로운 육신을 한 줌 흙으로 쉬게 하고 싶다. 혹시나 나에게 궂은일이 생기면 고향 마을 뒷산 언저리의 가장 오른쪽 감나무 아래에 한 줌 흙으로 묻어두라고 작은 아들에게 말해두었다. 쉬다가 푸른 감나무 잎사귀가 되어 작은 떨림에 귀 기울여 보고 싶다. 하얀 감꽃이 되어 푸른 하늘에 눈 맞추고 작은 꿀벌에게 손짓도 해보고 하얀 감꽃을 떨구고 싶다. 붉은 감이 되어 오래도록 햇볕을 쪼이다가 어린아이에게 홍시가 되어 주고 싶다. 어떤 해에는 까치밥도 되어 찬바람 부는 언덕길에서 하늘거리는 낭만이고 싶다.

그때가 언제일지는 모르지만 감나무 밭이 있는 언덕은 돌아가기에 가장 적당한 곳이다. 사방이 산으로 둘러싼 동네에서도 전망이 가장 좋은 곳이어서 윗마을로 이어진 신작로가 구불거리며 드러나고 봄이면 꽃동네가 되는 산들이 그림처럼 펼쳐진다. 유년은 때때로 가슴 먹먹해지는 그리움으로 남아서 온 몸이 전율에 떨기도 한다. 감나무 아래 거나 그 근처는 태가 묻힌 곳인지도 모른다. 귀소본능처럼 돌아갈 곳은 그곳 밖에 없다.

감나무가 있는 풍경은 따스한 느낌을 준다. 간혹 어렸을 때의 우리 감과 같은 종류의 감을 볼 때면 금세 열세 살의 아이처럼 혹은 서른쯤의 나처럼 즐거워진다. 언젠가 나도 감이 될지 모를 일이다.

(2010년)

시장에서

 시장은 늘 붐빈다. 시장이 열리면 누군가의 엄마들이 모여들어 닮은 듯 다른 엄마들로 가득 찬다. 파는 사람은 파는 사람대로 사는 사람은 사는 사람대로 엄마들은 바쁘다.
 엄마는 닷새마다 장에 나왔다. 버스조차 다니지 않던 시골에서 바깥바람이라도 쏘일라치면 장마당에라도 드나드는 게 가장 무난한 외출이었던 탓이다. 80년대 들어 하루에 세 차례 다니게 된 버스는 엄마의 바깥나들이를 도왔다.
 너무 빨리 무릎이 망가져서 예순이 되기 전에 지팡이를 짚었던 엄마에게는 시장바구니 드는 것도 일이었다. 장바구니를 들어주기 위해서라도, 장보는 걸 같이 하기 위해서라도 덩달아 장마다 시장에 갔다. 엄마 곁에 살고 싶어서 서울에서 8년을 못 채우고 고향으로 돌아왔던지라 장마다 애인이라도 만나는 것 마냥 달려갔다. 장날이면 시댁에서의 시집살이에도 부리나케 청소와 빨래를 마치고 열 시가 되면 장으로 갔다. 다행히 장에서 집이 멀지 않아 몇 분만 걸으면 엄마를 만났다.

닷새마다 장에 가서 엄마를 만났다. 따로 살림을 난 후에는 장을 보고 시골 맛이 나는 밥을 먹고 막걸리도 나눠 마셨다. 엄마는 막걸리 한 병을 다 마시지 않고 늘 한 잔은 내게 나눠주었다. 장바구니를 들고 살 게 많든 적든 한두 시간을 걸으면 어디 걸쳐 잠시 쉬고 싶다는 마음이 절로 들었다. 추운 날이나 더운 날에 장보는 건 늘 재미있는 일은 아니었다. 마침 쉬고 싶을 때 엄마가 건넨 한 잔의 막걸리를 엄마처럼 마셨다.

오래전 중학교에 다닐 무렵, 점심도 한참 지난 후에 시장에서 돌아온 엄마는 늘 배가 고프다고 했다. 하루에 세 번 버스가 아랫동네까지 다니기 시작했을 때 낮차를 타고 오면 세 시는 되어야 집에 도착했다. 세 시까지 밥은커녕 막걸리 한 사발도 못 마시고 집에 왔던 것이다. 엄마는 차마 밖에서 밥을 사 먹을 엄두는 내지 못했다. 단지 "막걸리 한 사발이라도 마셨으면 배가 덜 고팠을 거"라고 했다. "막걸리 한 대접에 100원 하는데 그도 아끼느라 눈 딱 감고 돌아온다."고 했다. "막걸리 한 대접이라도 들고 오시라"고 했지만 한동안 선뜻 마실 수 없었던 모양이다. 엄마는 예순이 다 되어 시장에서 막걸리 한 잔 하는 게 흉이 되지 않고 막걸리 한 잔은 돈 걱정 없이 마실 수 있을 때부터 으레 막걸리를 한 잔 했다. 엄마랑 마시는 막걸리에는 자유가 안주의 반이었다.

산중으로 시집와 산골에서 살지만 친정이 바닷가였던 엄마는 생선을 잘 알았다. 엄마의 단골가게는 물이 좋았다. 엄마는 고기는 즐기지 않았는데 생선은 좋아했다.

가용은 늘 빠듯했다. 엄마 곁에 살고 싶어 가까이 내려와 놓고 반찬도 마음껏 사줄 수 없는 처지가 늘 걸렸다. 고향 근처로 엄마 옆으로 내려올 때는 엄마를 가까이에서 자주 보고 많이 챙기겠다는 뜻이었는데, 정작 사람 사는 일은 뜻대로 되는 일이 하나도 없었다. 방 한 칸 마련하지 못하고 시댁에 들어가서 급여 없는 가사도우미처럼 살게 되었다. 어른들을 정경부인 모시듯 수발들었다.(엄마를 자주 보기 위해 치르는 대가 중 일부였을 테지) 학생인 남편은 수입이 없으므로 어른이 시장을 보아주지 않으면 삼시세끼 장만하여 하루 대여섯 번의 상차림을 해내기 어려웠다. 큰 사고를 친 손윗사람이 있어서 그나마 넉 달 만에 시장 봐주던 것도 끊겼다. 남편이 아르바이트를 하여 얼마간 주는 돈으로 일곱 식구 삼시세끼 식사 챙기는 일은 늘 빠듯하였다.

내 형편이 그렇다고 말로 때우고 마는 성미가 아닌지라 엄마에게 "끼니 거르지 말고 밥맛이 없어도 식사는 꼭 하시라"고 말만 할 수는 없었다. 반찬거리 하나 사 드리지 못하고 말만 번들하게 하는 것은 '눈 가리고 아웅'하는 것만큼 덧없고 민망하기 짝이 없는 일이다. 만 원어치라도 생선을 사드리며 "입맛이 없으면 이거라도 지져서 식사를 꼭 하시라"고 해야 마음이 편했고 성질에 맞았다. 나는 해질녘, 파장이 다 되어 갈 때, 장을 보았다. 한 푼이라도 싸게 싸야 일곱 식구가 닷새 날 반찬을 장만하고 살림이 되었으니까.

엄마는 자주 만났다. 장날마다 만나고, 시골에도 자주 들어갔으니까. 그러나 엄마를 보살피고 챙겨드리는 일은 마음처럼 쉽지 않았다. 철 따라 농사일을 거들고 힘을 쓰는 건 했지만, 돈이 들어가야 하는 일에는 늘 마음이 천근만근 무거웠다. 살림살이가 형편없었다. 용돈을 드릴 때도 만 원짜리 지폐 한두 장을 더 드려도 될까 말까를 고민해야 했다.

둘째 아이 출산을 일주일 앞두고 분가를 하였다. 살아생전 벗어나지 못할 줄 알았는데, 빚이 너무 많아서 감당할 수 없으므로 산도 팔고 집도 팔고 논도 팔고 파느라, 어쩔 수 없이 분가가 되었다. 처음에는 "집도 주마! 닷 마지기 논도 주마!" 하여 얼마간 참고 견디다 보면 살림이 나아질 줄 알았는데, 결국 삼 년 만에 빈손으로 나와야 했다. 그나마 아등바등 적금을 부어 마련한 돈으로 분가라는 것을 하였다. 분가하고 일주일 만에 네 식구가 되었으나, 어떤 명목으로든 한 푼도 받지 못한지라 살림은 여간 팍팍한 게 아니었다. 네 식구 생활비로도 턱없이 적은 돈에서 적금을 붓지 않을 수 없었다. 한 칸 방에서 아이 둘을 키우기는 여간 불편한 게 아니었으므로. 갓난아이가 잘 때, 큰 아이와 놀아주어야 하고 책도 읽어주어야 하는데 방 한 칸에서 잘 되지 않았다. 큰 아이가 조용히 지내거나 골목에 나가 노는 것이 안타까웠다. 인간승리처럼 모든 것을 참으며 견디며 방 두 칸으로 옮기기 위해 붓던 적금도 결국 깨서 어른에게 드리기도 했다. 어쩔 도리 없었다. 일 년 남짓 단칸방에서 아이들 둘을 키웠다. 처음이자 마지막으로 천만 원짜리 수표 한 장을 받았다. 동그라미 일곱 개를 세보고 또 세 보았다. 그 돈을 보태서 작은 아파트로 옮겨 아이들을 키웠다.

거의 열다섯 해 동안 장날마다 엄마를 만났다. 장날마다 생선을 사드렸다. "혼자 드시는 식사를 거르지 말라"고, "밥맛이 없어도 입맛이 없어도 좋아하는 생선 한 마리를 굽거나 자작하게 지져서라도 식사를 하시라"고. 엄마 생선만 사고 장을 더 보지 않으면 엄마는 "너도 장을 보라"고 성화였다. "내 장은 나중에 볼 게"라는 말로 상황을 모면해보지만 빈손으로 돌아가는 일이 잦은 것쯤은 엄마도 훤히 알은 듯했다. 그래서 보는 앞에서 장을 보라고 재촉했을 것이다. 어쩔 때는 걱정을 끼치지 않으려고 내 장도 보았지만, 너무 빠듯할 때는 "지금은 무거우니, 엄마를 버스에 태워드리고 나서 장을 볼 거"라고 둘러댔다.

이제는 혼자 시장에 간다. 그래서인지 자주 가지 않는다. 시장에 가도 생선을 보는 눈이 조금 있는 것 말고는 심드렁하다. 장날이면 엄마들이 가득 차지만 우리 엄마는 더 이상 볼 수 없다. 닷새마다의 시장 나들이는 십오 년 즈음에서 멈추었다. 엄마가 없으니 시장에 가는 일이 좀처럼 없다.

5일장이든 대형마트에서든 시장은 적나라하게 삶을 드러낸다. 한껏 여유 있는 사람들과 궁핍이 더러 드러나는 사람들이 함께 장을 본다. 자본주의가 적나라하게 펼쳐지는 곳이 시장이다. 시장에서의 활기와 움츠림이, 쇼핑카트의 경쾌함과 무거운 발걸음이, 쇼핑의 즐거움과 답답함이 올곧이 드러난다.

  시장의 한 모퉁이에서 내 삶의 결핍을 생각한다. 가질 수 없었거나 가까이할 수 없었던 욕망도 생각한다. 가만히 들여다보면 퍼즐 조각처럼 다 맞아떨어지는 삶은 없다. 몇 조각은 영원히 찾을 수 없고 어떤 조각은 희미하다. 삶의 지평은 아득하고 희미한 추억들과 또렷하고 선명한 기억들로 넓게 퍼져 있다. 삶의 지평에서의 여백처럼 혹은 자연의 여백처럼 결핍을 받아들인다. 헛헛함도 삶의 일부인 것을.

(2012년)

귀고리 한 짝

애지중지하던 귀고리 한 짝이 보이지 않았다. 시댁에서 김장 준비를 하다가 배추를 절이고 마늘을 손질한 후 잠깐 방에 누워있었던 것이 마음에 걸렸다. 귀고리 한 짝이 떨어진 순간을 모르니 찾을 엄두가 나지 않았다.

자매들만 살았던 유년시절은 머리카락도 엄마가 마당 한쪽에서 다듬어 주었다. 보자기를 목에 두르고 얌전히 앉아 바라보는 엄마의 커다란 재봉틀 가위는 무섭게 생긴 데다 가위 끝이 살갗에 스쳤던 기억 때문에 두려웠다. 움직이면 다친다는 말이 괜한 말이 아니었기에 가위가 귓가를 지나갈 때 파르르 떨었던 느낌이 아직 생생하다. 동그스름한 얼굴은 동글리는 머리 모양으로 인해 더욱 둥그스름해졌다. 햇볕 따스한 날, 사각거리는 가위 소리를 들으며 산골 아이로 자란 나는 멋을 알지 못했다.

 자매들이 많았지만 머리띠나 머리핀을 산 기억이 별로 없다. 긴 머리카락을 넘기며 다닌 시절이 그다지 길지 않아서이기도 하지만 원체 액세서리를 즐기지 않았다. 언니나 동생이 하나씩 주면 그것을 썼다. 어떤 것이 예쁘다거나 이 머리띠를 하면 좋겠다거나 이 머리핀이 잘 어울리겠다는 따위의 생각은 해본 적이 별로 없다. 머리핀은 머리를 고정시키는 용도로 쓰이면 그뿐이었다. 액세서리에 관한 관심이 그다지 없었던 탓인지 다른 이유인지는 모르지만 반지나 목걸이에도 별 감흥이 없었다. 스물이 한참 지난 어느 무렵에 반지를 끼었는데 일을 할 때나 가만히 있을 때조차도 꽤 성가시었다. 내 피부는 어떤 금속이나 광물을 달가워하지 않는 것 같았다. 더구나 짤막하고 마디 굵은 손가락을 스물도 되기 전에 가졌기에 반지를 낀 대도 손을 우아하게 꾸며주지 못했다.

 길고 가는 목을 가지지 않았고 길고 가는 손가락을 가지지 않았지만 귓불이 도톰하게 잘 생겼다는 말은 어려서부터 들었다. 귓불을 뚫어서 찰랑거리는 귀고리는 하고 싶었으나 도톰한 그 귓불을 뚫는다는 두려움이 더 컸던지 귀고리도 하지 못하고 이십 대가 지나갔다. 언젠가 언니랑 여행을 가서 부산 번화가에서 귀고리를 샀지만 어디까지나 보관용이었을 뿐이었다.

 서른이 넘어 큰 맘을 먹고 친구랑 귓불을 뚫으러 갔다. 귓불이 뚫어지는 순간, 얼굴이 빨개지는 바람에 친구가 깜짝 놀랐다고 하지만 나는 기뻤다. 여전히 반지도 목걸이도 하지 않지만 귀고리는 자그마하게 하나 찰랑거리고 싶은 마음이 컸나 보다. 그 후로 귀고리는 늘 하고 다녔다. 오로지 하나의 액세서리였고 오로지 하나의 유희 같은 거였다.

  마흔이 되었을 때, 눈에 쏙 드는 귀고리를 발견하고 귀고리를 하나 장만했다. 그 후로 그 귀고리를 늘 착용했다. 그 귀고리는 그 어떤 귀고리보다 좋아서 아무리 오래 하고 있어도 싫증이 나지 않았다. 이 귀고리를 6년 정도 밤낮없이 함께 하였더니 귓불의 일부인 것 같은 느낌이 들 때도 있었는데, 근래 들어 한 짝씩 빠지기 시작했다. 귀고리의 연결고리가 가늘게 파였으며 귀고리 잠금장치도 느슨해지고 있었다. 머리를 감다가 세수를 하다가 머리카락을 말리다가 욕실에서 방에서 이부자리에서 귓불을 벗어났다. 다른 귀고리로 바꾸고 싶은 마음은 없어서 고리 부분을 수선했는데도 또 빠져버렸으니 낭패다.

  여러 번 잃어버리고 그때마다 어떻게든 찾아냈는데, 이번에는 쉬이 나오지 않았다. 아쉬운 마음에 눈물이 날 것 마냥 서운키 그지없다. 사람도 아닌 사물에 그토록 마음을 줄 게 또 무어란 말인가. 언제부터 액세서리를 좋아하여 온통 마음을 뺏기기라도 했단 말인가. 시댁에서 김장을 밤늦게까지 담그면서도 한 편으로는 며칠 전에 잠시 누웠던 방에서 귀고리 한 짝이 나오면 좋겠다는 생각을 했다. 자정이 가까운 시간까지 김장을 담그고 나서 잠시 방에 들어갔을 때도 어디 구석에 귀고리 한 짝이 있는지 보려다가 그만두었다. '이번에는 아주 잃어버렸나 보다'하는 마음이 들었다. 어디서 잃어버렸는지를 알지 못하니 어쩔 수가 없었다.

 그렇게 귀고리 없이 며칠을 보내고 나서 마지막으로 안방 침대라도 들어볼 참으로 이부자리를 치우고 매트리스를 들어 올리고 바닥까지 모조리 쓸고 치웠다. 그럼에도 그 작은 귀고리 한 짝은 나타나지 않았다. 이루어지지 않은 첫사랑을 잃어버린 듯 첫사랑의 소중한 증표를 잃어버리듯 낙담하며 침대를 다시 정리하는데 바닥 한 쪽에 귀고리가 반짝하고 웃고 있다. 개구쟁이 아이처럼 오랜 친구처럼 환하게 웃고 있는 귀고리를 보니 반갑기 그지없다. 귀고리 한짝을 찾아 한 쌍을 놓고 보니 마음에 평화가 깃들었다. 그러다 문득 언젠가 이 귀고리와 이별하는 날이 올 것이란 생각이 들었다. 다시 잃어버리고 찾지 못하는 일이 생길 수도 있다. 약해진 귀고리를 수선을 받아가며 마르고 닳도록 쓸 것인가, 아니면 고이 모셔 놓고 가끔 들여다볼 것인가.

 서른이 되기 전에는 관심조차 없었던 액세서리에 부쩍 집착하는 행동이 무슨 심리인지 모르지만 다시 만난 귀고리 한 짝이 몹시 반갑다. 그 어떤 사물이 이토록 나와 가까웠을까. 반짝이는 귀고리를 바라보며 나는 마흔에 어떤 삶을 살아가고 싶었는지 생각에 잠긴다. 대학교 공부를 시작했고 엄마마저 잃었던 마흔에. 그 귀고리는 나에게 무엇을 상징하는 매개물이었을까. 그저 나를 지켜줄 수호천사 같은 거였다고 하면 지나친 농담일까.

 결국 귀고리 한 짝은 얼마 뒤에 영영 잃어버렸다. 만 6년이 넘도록 피부처럼 같이 했으니 헐거워진 것일까. 똑같은 귀고리를 장만할 엄두조차 내지 못하고 내 귀는 벗을 잃었다. 그 뒤로 액세서리는 없다.

(2013년)

여우와 곰

여우처럼 살라는 충고를 들었다. 여우 같은 남자로부터. 도무지 여우처럼 살아야 할 까닭을 알지 못할뿐더러 여우처럼 사는 것은 천성에도 맞지 않으니 당혹스러웠다. 지독한 나르시시스트인 그에게 숱한 피해를 겪고 있었던지라 황당함도 몰려왔다. 어이없는 그의 충고. 장남인 그가 하지 않은 일들을 뒤치다꺼리하느라 두세 배는 힘든 인생을 살고 있건만. 자신이 여우처럼 사는 것도 모자라서 나더러 여우처럼 살라니….

명랑하고 걱정 없이 천하태평인 그가 속이 편해 보인 적도 있다. 아주 가끔은 여우의 처신에 감탄을 금치 못하기도 한다. 여우는 여실히 처신이 뛰어나다. 그럴듯하게 웃고 그럴듯하게 사람을 움직이면서 정작 일을 하지 않는다. 여우는 웬만하면 일을 하지 않으려고 한다. 책임질 자리는 어떻게든 빠져나

간다. 매력적인 외모를 자기 삶의 가장 중요한 요소로 삼거나, 흡사 아이처럼 밝거나, 은근슬쩍 넘어가는 말재간이 그들 삶의 방편이다. 남에게 호감을 받으며 때때로 감쪽같이 속이기도 하며 아찔하게 쾌락에 탐닉하기도 하고 뽐내듯 과시하기도 한다. 그저 어떻게든 제 잇속은 기막히게 잘 챙긴다.

여우처럼 슬쩍슬쩍 살아내지 못하고 곧이곧대로 상황에 대면하느라, 사람 노릇 하느라, 책임지느라 알기살기 살아가는 모습이 딱하다. 여우들이 회피한 책임을 떠맡아 웃음을 잃어가는 상황이 안쓰럽다. 에돌아 눙치지 못하는 마른 유머가 가엾다. 피상적인 만남이라면 눙치면 어떻고 익살에 호방하게 웃어댄들 어떻겠는가. 누구보다도 경쾌한 걸음새로 재잘거리고 즐거운 곳에만 어깨를 맞추고 흥취를 돋우며 살아갈 수도 있을 게다. 유희를 몰라서가 아니고 즐거움이 거북한 것도 아니다. 여우 같은 사람에게는 책임은 없고 유희와 쾌락과 미성숙이 있기 때문에 거북한 것이다. 그래서 여우이기를 거부하고 여우처럼 사는 것을 선택하지 않은 것이다. 여우처럼 살라는 말은 한 동안 마음속에 파장을 일으키며 귓가에 맴돌았다.

삶은 역사를 기록한다. 그렇잖아도 울퉁불퉁한 삶의 이력에 여우 같은 사람이라는 이미지까지 더할 까닭이 없다. 여우 같은 친구나 여우 같은 학우나 여우 같은 아내나 여우 같은 엄마 여우 같은 동료 등속을 덕지덕지 붙이고 살고 싶지는 않다.

여우는 여성에 한정되는 이미지가 아니다. 남성의 자기애와 잇속 또한 여성 못지않게 강하다. 남성과 여성이 아니라 사람에 따라 곰도 여우도 되는 것이다. 여우에게 진정성이란 자기애의 벽 앞에 선 무력한 푯대에 지나지 않는다. 그들은 반성할 줄 모른다. 남을 조종하여 자기의 살 길을 찾고 가련한 누군가를 이용하여 자기의 잇속을 챙기며 살뿐이다. 지독한 자기애가 그들의 표상이다. 나르시시스트는 아무래도 여우다. 낭만과 잇속과 곡선이 진지함과 순정과 직선을 앞지른다.

곰은 여우더러 믿을 수 없다 하고 여우는 곰더러 융통성이 모자라 답답하다고 한다. 여우는 곰더러 약게 살라고 하고 곰은 여우더러 너무 약았다고 한다.

여우의 본성이 드러나기 전까지가 여우의 전성시대이다. 지독한 자기애가 넘치는 나르시시스트의 정체가 드러나면 신뢰는 흔들린다. 나르시시스트에게 휘둘리고 나서야 비로소 여우에게서 학을 뗀다.

오래 겪어봐야 아는 사람이 곰 같은 사람이다. 곰인지 여우인지는 오래 겪어봐야 진면목을 알 수 있다. 여우도 곰도 중년기에 이르러서야 본디 모습이 드러난다. 평온하게 순응하며 무던히 참으며 감내하는 속성은 천천히 드러나지 않겠는가. 곰비임비 쌓인 세월이 지나고서야 그 천성이나 속내가 보인다. 알면 보이고 보이면 이해되는 진리도 곰 같은 속성에 해당된다. 알았던 것이 자꾸 변덕을 부리고 변화무쌍하면 안다고 말할 수도 아는 것을 믿을 수도 없는 노릇이다. 오랜 시간을 함께 하며 알아갈 때 안다고 하고 신뢰가 두터워질 수 있다. 곰 같은 사람은 날로 귀하게 될 것이다. 세련된 꾸밈이 자연스러움을 대체한 지 한참이다. 실리가 기세등등하게 순수를 앞선다.

 행동이 둔하거나 느린 사람더러 미련한 곰 같다고 하지만 곰은 결코 느리지도 대책 없이 미련하지도 않다. 곰은 타고난 습성대로 살아가며 조바심에 동동거리지 않는 미덕을 지녔다.

 곰 같은 여자라는 하소연은 변덕과 무능력과 미안함의 다른 말이다. 못난 속을 감추며 하는 허튼소리이다. 여우 같은 사람과 속내를 알 때까지 오래 겪어보지 못한 사람의 해학이며 익살에 다름 아니다. 여성을 곰이라고 할 때, 그 대상은 아마도 중년의 마누라일진대 자식 낳아 기르며 듬직하게 무던하게 함께해 온 고마움을 아는가 모르는가. 안다면 자조적인 말이고, 모르다면 그가 무지하고 미성숙하고 몰염치한 사람임을 알려주는 잣대가 된다. 안다면 남들처럼 못해준 것이 목울대나 가슴 언저리에 걸려 괜히 통바리 놓는 소리이다. 조강지처는 여우이기를 거부하고 아둔할 만큼 묵묵히 살아온 사람이지 않겠는가. 곰 같은 아내도 일상을 벗어나면 감상에 젖고, 멋을 내고 예쁘게 꾸미고 낭만을 노래할 수 있다. 대부분의 가정은 곰 같은 모성이 지켜냈다. 그런 어머니가 있었기에 가정은 늘 그 모습을 지킬 수 있었고 보금자리는 따스했다.

 단군의 어머니인 웅녀는 곰이었다. 웅녀는 환웅의 연인으로 기억되지 않고 단군의 어머니로 기억된다. 태초의 어머니는 곰인 셈이다. 태초의 어머니는 한 사람의 연인에 머무르지 않고 곰같이 견디어낸 사람이었다. 안정적이며 포근하고 무던한 곰 같은 사람이 모성이다.

  북두칠성은 큰곰자리에서 항상 빛난다. 아둔한 곰이 북극성 가까이에서 지속적으로 든든하게 호위하고 있다. 가장 중심이 되는 별 곁에서 든든하게 지키며 스스로도 밝게 존재하는 큰곰자리의 별처럼 곰 같은 사람도 자기 자리를 지키며 빛을 낸다. 자녀이든 사회의 정의이든 문학이든 미학이든 빛나는 별 하나 지닌 사람은 곰이란 소리를 달게 들으며 걸어가도 좋겠다.

(2012년)

봄꽃 같은 사람들

산과 들에 지천으로 꽃이 핀다. 엘리엇의 4월이 잔인하였듯이 어느 시대, 어느 사회가 봄을 만끽하도록 평화롭지 않지만, 그래도 4월이다. 겨울을 지나고 맞은 봄이 새로운 탄생이며 환생이며 부활이듯이 어둠 깊은 배경 위에 드러난 봄꽃이 어쩔 수 없이 위안이고 기쁨이다.

따뜻한 남쪽에서 발화되어 좌로 우로 번지다가 북풍을 밀어내는 꽃바람이 세다. 섬진강 매화 소식이 소문처럼 들려오면 마음이 먼저 길을 떠나는 바람에 가끔은 멍해지곤 한다.

모이는 자리마다 꽃구경이 화두다. 다행히도 섬진강을 바라보는 광양시 다압면에 친정이 있는 동료가 있어서 매화 구경을 다닌다. 지난해에는 우리의 걸음이 늦어져서 아쉬움 속에 사려 깊은 몇 그루에 만족했는데, 올 해는 절정기에 맞춤하여 동아리 동료들과 봄나들이를 갈 수 있었다. 매화 향에 잠긴 마을에 우리 또한 잠겨서 서로의 향이 더욱 진해졌다. 매화는 진한 향을 품었으나 경박하지 않고 여린 꽃잎으로 꽃샘추위를 이겨내는 걸 보면 오히려 강인한 멋이 느껴지는 꽃이기도 하다. 동행한 동아리 동료들과 매화 향 가득한 유쾌한 나들이를 했다.

매화나무가 초록 잎으로 햇빛을 받아내면 섬진강 길 건너편은 벚꽃이 화사한 웨딩드레스처럼 뽐내듯 꽃망울을 연다. 한껏 이완되면서도 한껏 우아하다. 섬진강의 모래톱이 반짝반짝 빛나는 데다 맑은 강물이 고요히 흐르고, 나무와 풀빛도 상큼하다. 하나하나 꽃들의 어울림이 함박웃음이다. 벚꽃은 지난해에 이어 올해도 절정의 꽃을 볼 수 있었다. 다행이다. 막내아들 친구 엄마들이 봄나들이를 챙겨서 상쾌하게 벚꽃을 본다. 섬진강의 벚꽃은 하늘 가득 피어 있고, 쌍계사 초입부터는 고목이 터널을 이루어 꽃 하늘이다. 벚꽃이 낙화할 때는 꽃비인지 꽃눈인지 운치 있게 휘날린다. 그러고 보면 벚꽃은 오래 머물지 않고 곱게 지는 모양새가 단명한 기생 같다. 도도한 여인이었을 것 같다. 동생뻘쯤 되는 엄마들이 살갑고 정겹다. 나는 벚꽃에 취하고 섬진강에 취하고 한잔 술에도 얼큰하다.

봄소식을 전하는 전령으로 개나리의 몫이 상당하다. 양지바른 곳이면 공원이나 길가나 담장 위에서 못 이기는 척 휘어진 가지에 노란 꽃잎이 유혹하듯 야하다. 노란 꽃잎이 햇빛을 받아 샛노란 빛깔을 내면 순간 아찔하다. 어지럼증이 난다. 개나리는 집안에 심지 않는다고 한다. 개나리가 울 밖을 넘어 피면 젊은 처자가 바람을 타고 어디론가 간다나.

참꽃으로 불린 진달래는 우리나라 어느 산에서나 볼 수 있다. 분홍빛 수줍음과 소탈함이 우리의 정서와 닮았다. 멀리서 보아도 가까이에서 보아도 그 값이 달라지지 않는다. 매혹적이지 않고 유혹하지 않지만 은근한 아름다움과 반가움과 그리움이 가득하다.

시골에서의 봄날은 길어진 해로 인해 혹은 심심해서 산으로 들로 몰려다니며 놀았다. 놀다가 허기지면 찔레를 꺾어 껍질을 벗겨 먹거나 진달래 꽃잎을 한 움큼씩 따 먹기도 했다. 친구의 얼굴이, 동생의 얼굴이 진달래처럼 해사하게 웃었을 것이다.

오래전, 밤나무를 심기 위해 소나무를 베어내면서 잡목도 같이 베어냈는데, 매끈한 가지가 진달래 같아서 마음이 아팠었다. 그러나 다음 해 봄에 어김없이 진달래가 피어나 얼마나 다행이고 반가웠는지 모른다.

매화나 벚꽃은 최고의 경관을 보기 위해 나들이를 하는데 비해 진달래는 고향에 피어 있는 꽃이 최고로 좋다. 어느 산이나 언뜻 선뜻 드러낸 듯 감추고 감춘 듯 드러낸다. 연초록으로 물들어가는 산을 배경으로 진달래는 어떤 꽃보다 예쁘고 반갑고 정겹다. 진달래는 배경과 일치되고 기꺼이 어울린다. 부드러운 도드라짐이 겸손하다. 어떤 꽃보다 친근하다. 우아하지 않고 야하지 않다. 시골 친구의 얼굴 같다. 오래전 객지로 떠난 친구는 지금도 진달래 같다.

  꽃구경에 봄 가는 줄 모르는 한량이나, 논으로 밭으로 산으로 다니며 농사짓는 농부나, 마을 어귀에 앉아 봄볕 쬐는 할머니에게 위안공연을 하는 꽃들의 관대함이여!

  봄꽃을 보다가 한꺼번에 피지 않고 차례지어 피는 꽃들의 영리함을 알겠다. 꽃은 벌 나비랑 공생하려고 피고 지는 때를 다르게 한 것은 아닐까 싶다. 그러다가 봄꽃들이 각자의 예쁨을 뽐내려고 한꺼번에 피는 것을 피한 것은 아닐까 하는 생각에 이른다. 꽃들의 마음을 본 듯 유쾌하고 귀엽고 미안하다. 나는 꽃들의 순위를 줄 세워 보려 하다가 꽃들이 쎌쭉할 것 같아 그만둔다. 각자 고유한 매력과 값이 있는데 애당초 무슨 기준으로 줄을 세울 수 있단 말인가.

  꽃들도 그러할진대 사람은 무슨 잣대로 구분하고 줄을 세울 수 있겠는가. 모두 자기 자리에서 자기의 빛깔로 자기를 나타내며 어울려 살 것을. 사람 하나하나가 다른 꽃들이지 않겠는가 하는 생각이 든다. 꽃의 색이 다르듯 성품이 다르고, 꽃의 모양이 다르듯 얼굴이 다르고, 꽃대가 다르듯 인생관 가치관이 다른, 모두 다른 꽃 같은 사람들이다. 천인천색, 만인만색으로 피어나리라.

(2010년)

어머니의 산, 지리산

한반도의 대표적인 산은 백두산, 한라산, 지리산이다. 백두대간의 등뼈 하단에 무게중심을 잡고 있는 산이 지리산이다. 백두산이 남성적인 웅장함을 지니고, 한라산이 마고할머니 신화를 간직한 여성적인 정서를 품었다면, 지리산은 대장부 같은 어머니의 기세를 지녔다. 생산력이 정점에 달한 어머니다. 지리산은 시간과 우주가 어우러진 경관을 간직하고 있는 박물관이다.

어릴 때, 이종사촌들이 엄마를 '산중이모'라고 불렀다. 그런 만큼 산은 유년시절의 모든 배경이었다. 삼사월엔 취나물과 고사리를 채취했고, 여름방학이면 산에서 소꼴을 먹이고, 도라지를 캤다. 가을이면 밤을 주웠고, 겨울엔 땔나무를 했다. 6학년 초겨울, 아버지가 돌아가시면서 땔나무를 하는 것은 겨울나기 중 가장 중요한 일이었다. 남자 어른의 지게로 서너 짐을 질 만큼 나무를 하고, 나뭇단을 이어 나르느라 여린 우리들의 손이 트고, 발이 텄다. 산은 우리의 놀이터였고, 삶의 현장이었다.

30년 가까운 시간이 지나자 산은 멀어졌다. 그래도 기회가 있으면 간혹 산에 오르곤 했다. 2년 전인 마흔에 대학교에 진학하여 산을 좋아하는 언니를 만났는데, 강건한 정신의 일부가 산에서 비롯된 것으로 보였다. 정중동의 취미만을 갖고 있던 나는 언니를 닮고 싶어서 등산에 동행했다. 무거운 체중과 빈혈과 약한 기관지는 오르막길을 더욱 숨차게 했다. 그러함에도 화사한 봄날의 산행이 즐거워서 또 따라나섰다. 여지없이 오르막엔 호흡과 무릎과 종아리가 아우성이다.

2009년 6월 6일, 작은 아들과 함께 지리산 산행에 따라나섰다. 청학동을 지나 '거림'이라는 곳에서 세석평전을 지나 '한신 계곡'을 내려오는 코스다. 오르막길이 비교적 완만하고, '세석평전'의 철쭉은 장관이라고 한다. 계곡물소리를 들으며 나무들 사이로 난 길을 걸으며, 애기똥풀과 동의나물도 가늠하며 걸었다. 꼴찌로 겨우 세석평전에 도착했다. 숨이 턱에 차 다다른 곳에 갑자기 야산의 동산 같은 평전이 하늘 가득 열려 있다. 둘레가 12km에 이른다는 너른 밭, 자갈이 많아서 지어진 세석이라는 지명, 눈앞이 환해지는 즐거운 반전이다. 늦봄의 철쭉과 초여름의 싱그러움이 겹친 데다 맑은 구름이 파아란 하늘에 노닐고, 옅은 안개는 어떤 그림보다 훌륭했다. 지금까지 나의 눈에 담긴 최고의 경관이다. 호사스럽게 늦게 핀 철쭉은 우아하고 당당하고 멋스러웠다. 소녀의 수줍음과는 다른 삼사십 대의 아름다움이 느껴지는 꽃이었다. 먼저 도착해 나와 언니를 기다린 작은 아들과 맛있게 밥을 먹고 복분자 두 잔에 흥겨워하며 사진을 찍었다. 일정이 허락한다면 하루, 이틀 머물며 산에서 위안받고 휴식하며 감탄하고 싶었다.

눈에 다 못 담을까 아쉬워하며 내려오는 한신 계곡으로의 하산길은 멀고멀었다.

평상시 내리막길은 뒤처지지 않았는데 3시간째 내려오다 보니 종아리가 아파서 걸음을 떼기조차 힘들었다. 민폐를 끼치지 않으려고 애를 쓰며 내려오는데, 계곡을 따라 줄기차게 흐르는 물줄기에 눈길이 머문다. 문득 지리산은 어머니의 산이라 할 만하다는 생각이 들었다. 어머니는 자식을 살리고 가족을 살린다. 산도 물이 많아야 뭇 목숨을 살린다. 어렸을 때의 기억이다. 평소 다니던 산보다 높은 산에서 고사리를 뜯다가 목이 말랐다. 물소리는 졸졸 들리는데 물을 찾지 못해 애를 먹었던 기억이 있다. 산에서의 물은 동물과 식물과 사람에게 가장 중요한 양식이다.

동학농민전쟁에서 농군들을 품어준 산, 일제강점기에 독립투사를 살려낸 산, 구천과 별당아씨의 파륜을 숨겨준 산, 염상진과 하대치를 품은 산, 지리산은 가히 어머니의 산이다. 농사도 잘 된 것 다시 보고, 자식도 잘난 자식 돌아본다고 한다. 그리해서야 회귀의 본능이며 마음의 안식처로서 어머니 품이 너무 허허롭지 않은가. 못난 자식 등 토닥이고, 눈물 닦아 품어 밥 먼저 챙기는 어머니, 고리키의 어머니처럼 강인하고 너그러운 어머니, 세속을 능숙하게 따르지 못하는 자식도 기꺼이 받아 살게 하는 어머니를 닮은 산이 지리산이다. 속 깊고, 품 넓고, 먹일 게 많은 산이다. 힘없고 서러웠을 백성, 막바지에 다다른 사람도 무한히 먹이고 살리고 품었을 산이다. 낙동강과 섬진강에 물을 흘려보내며 너른 들도 목마르지 않게 보살피는 통 큰 어머니다. 산줄기마다 생명을 잉태하게 하고, 출산하게 하고, 성장하게 하는 대장부 같은 어머니다. 소설 속의 인물이나 역사 속의 인물들도 가까이에 있는 듯, 한없이 안타까운 역사를 생각했다. 지리산을 감탄과 감사의 눈으로 경배했다. 한신 계곡에서의 빨치산 토벌작전이 짐작되어 더욱 마음이 아렸다.

  인생은 등산과도 같다고 한다. 오르막과 내리막, 누구의 힘도 아닌 스스로의 걸음으로 걸어야 하는 길, 멋진 동행이 있으면 아름다운 길, 걸을 준비와 감탄할 자세만 갖추면 갈 만한 길, 삶과 등산이 가진 교집합이 상당하다. 인자(仁者)는 요산(樂山)이라 했는데, 요산하면 인자가 되는 법칙도 성립하리라 생각한다. 언니의 강건하고도 정갈한 성품이 지리산과 연결되어 있는 것 같다.

  등산 후 며칠 동안 걸음조차 걷기 곤란했는데 지리산의 극히 일부분만 보고도 인연 있는 사람처럼 다시 만날 날을 기약한다. 끈 하나 연결해 놓고 뿌듯해하는 마음은 지리산을 소망한다. 산은 정복하는 게 아니라 했는데도 VENI, VIDI, VICI(왔노라, 보았노라, 이겼노라) 하며 신이 났고, 지리산을 좋아한다는 말만으로도 공통분모를 가진 듯, 친밀감을 느꼈다.

  나는 지금도 운동을 잘 못한다. 산에는 가끔 오르지만 여전히 오르막은 힘겹고, 숨차고, 무겁다. 그러함에도 다시 지리산에 가기 위해 걷기를 시작한다. 머지않아 어머니의 산을 경배하며 지리산을 걷고 있을 나를 상상하는 것만으로도 무척 설레고 가슴이 뛴다.

(2010년)

지리산 종주

산은 말이 없다. 산에 가는 것은 가장 잘하고 싶은 일이면서 가장 못하는 일이다. 그리하여 산은 그리움이면서 경외의 대상이다. 지난해 지리산을 만난 이후, 다시 가고 싶었지만 막연했다.

언니가 산에 다녀오면 풋풋한 향이 배어났다. 하얀 구름에 말갛게 씻긴 것처럼 맑다. 언니는 산에 다녀오는 일이 가장 행복한 일상인 듯, 학기 중에도 시험 전후에도 틈틈이 산행을 한다. 언니는 이미 지리산 무박종주를 여러 차례 했는데, 다시 지리산 종주를 하겠다기에 동행을 부탁했다. 결코 적지 않은 나이를 강조하며 시나브로 걷자고, 1박 2일이든 2박 3일이든 찬찬히 걷자고 부탁했다. 다른 언니가 합류하며 2박 3일의 종주로 윤곽이 잡혔다.

미리 걷기를 시작하여 기초체력을 다져야 하는데도 공부한다며, 운동시간을 따로 갖기 여의치 않다며 겁만 내고 있었다. 3일 동안 33.4km를 걸어야하는 거리를 가늠하며 무릎보호대며 소염진통제며, 가벼운 산행에 뭉친 종아리 때문에 병원에서 받아둔 약도 챙겨갔다.

등산 수준이 상중 상과 하중 하 만큼 차이가 나서, 효율성 측면에서는 엉성하기 이를 데 없는 조합이다. 그러나 적어도 나에게는 효과가 가장 우수한 팀이다. 이 팀이 아니라면 지리산 종주는 끝내 엄두를 내지 못할 동경으로 남을 것이다. 사람 사는 일은 수준의 격차가 큰 만큼 효과가 뛰어나다. 비슷한 수준에서는 맛을 느끼지 못할 감동과 기쁨이 있다. 어느 분야이든 뛰어난 능력을 가진 팀은 최고의 효율은 있을지언정 여백의 미는 적을 것이다. 중간 수준의 팀은 뒤를 돌아볼 여유가 넉넉지 않을 것 같다. 아예 엄두를 내지 못하는 팀은 힘의 여유가 있는 상위의 팀이 손길을 내밀어 동행할 수 있도록 도와주는 것이 미덕이지 않겠는가. 그런 손길과 배려로 지리산에 다시 갈 수 있었다.

지리산은 크다. 그리고 넓다. 노고단에는 초여름의 들꽃이 한 상 걸게 차린 잔칫집처럼 풍요롭다. 마음을 들꽃과 산등성이에 나누며 걷는다. 한 번 오르면 능선만 타다가 내려오면 좋으련만 오르막과 내리막이 끝없이 이어진다. 처음부터 만만한 걸음이 아니었지만 거칠어지는 호흡은 감출 수 없다.

전라남도와 전라북도, 경상남도의 경계가 된다는 삼도봉에 올라 점심을 먹었다. 토끼봉을 숨차게 오르고 연하천 대피소에서 커피를 끓여 마시니 기운이 났다. 첫날의 목적지인 벽소령에 도착하니 살 것 같다. 날이 흐려서 밝은 달은 볼 수 없고, 낯선 곳에서 낯선 사람들과의 잠자리는 편하지 않아 뒤척이다 기어이 밤을 새운다.

서로를 배려하는 마음에 평상시보다 서너 배는 무거운 배낭을 짊어졌지만 둘째 날은 좀 더 가벼운 마음으로 걷는다. 세석평전을 지나 장터목대피소에 여장을 풀 계획이었기 때문에 느긋하게 출발하여 갖은 비경에 감탄하며 연분홍 철쭉꽃에 마음 더해가며 걷는다. 적막 사이로 걷는 것이 순간 권태롭기까지 하다. 중반 이후의 여유인지 삶과도 닮았다.

산에 오르는 일은 수고스럽다. 운동에 익숙하지 않은 심장과 폐가 아우성이다. 무릎보호대를 단단히 고쳐 매며 일행에게 누가 되지 않으려 마음을 쓰지만 몸처럼 정직한 게 또 어디 있으랴. 여지없이 드러내는 몸의 언어다. 정신을 담고 있는 몸은 단순한 그릇이 아니다. 껍데기만이 아니다. 정신과 밀접하게 수시로 교감하고 정신의 모든 가닥과 연결되어 있다. 나는 상당부문 관념론자이기 때문에 상대적으로 몸을 소홀히 한 측면이 올곧이 드러났다. 몸처럼 정직한 것이 또 어디 있단 말인가.

인류가 스포츠에 열광하는 것은 몸에 대한 찬탄과 기꺼이 인정하는 경쾌함 때문일 것이다. 모든 인류의 보편적인 감성이 몸에서 비롯된다는 생각에 이른다. 만국 공통의 언어가 몸일 수도 있겠다는 생각을 한다. 몸과 정신이라는 두 날개가 균형

있게 날 수 없도록 내버려둔 것에 대해 반성한다.

결코 쉽지 않은 산행을 하면서 산에 오르는 것은 결국 더불어 살기 위함이라는 것을 깨닫는다. 빨리 앞서 가는 것에 목적이 있다면 구태여 산에 오를 까닭이 있을까. 숫제 선수들만 산에 오르는 것도 아니다. 한반도 남쪽에서 가장 높고 큰 산에 오가는 사람들은 서로 응원하며 반갑게 인사하고 힘을 북돋아 준다. 올라오는 사람을 배려하고 다친 사람을 돌봐주며 느린 걸음으로 기다려주고 손을 내밀기도 한다. 어울려 살기 위해 더불어 살아야 하는 삶을 위해 걷고 또 걷는다. 살고 또 사는 것이다. 나는 피식 웃는다. 인자(仁者)가 요산(樂山)하는 것이나 지자(智者)가 요수(樂水)하는 것이 일맥상통하는 것 같다. 낮은 곳으로 흐르는 물이 모이는 곳, 모든 물이 만나는 가장 낮은 바다도 결국은 더불어 사는 것을 말하고 있지 않은가.

노자는 최고의 선은 물과 같아서 몸을 낮추고 서로 다투지 않는다며 상선약수(上善若水)라 하였다. 산에 오르면서 풋풋한 사람 냄새로 더불어 사는 것이나, 물을 보며 낮은 곳으로 흘러 결국은 함께 사는 것이나 동일한 진리를 품고 있다. 노고단에서부터 여러 산새들이 산행의 묘미를 더해가던 중이다.

몇 곳의 거친 길을 지나 세석평전에 이르자 맘이 편해졌다. 눈과 맘을 열어 놓고 초여름의 싱그러운 산과 고고한 구름을 보았다. 언니가 발이 시리도록 차가운 물을 떠다가 종아리를 씻게 해주었다. 불고염치하고 신세를 진다.

장터목에서도 어쩔 수 없이 몸을 누이는 것으로 만족하기로 한다. 저녁에 비까지 내려서 일출은 기대하지 않는다. 초행에 일출까지는 기대하지 않지만 할 수 있는 것은 해야겠기에 3시쯤 출발하기로 했다. 언니가 두시 넘어 밖에 나갔다 들어오더니 하늘에 별이 총총하다고 한다. 순간, 대피소가 부산하다. 과연 별들이 총총하게 낮게 내려와 있다. 얼마쯤에 이토록 많은 별을 보게 되는지 감격스러웠다. 아마 어릴 때 시골에서 보았던 밤하늘 이후로 처음일 경관이다. 감격스러웠다. 새벽 별들을 보았으니 이제 일출은 보지 못해도 만족할 수 있었다.

3시쯤 몇몇 사람들과 산행을 시작했다. 오르막을 더디 가기 때문에 서둘러 출발하려고 한 것인데 언니가 따라나선다. 아무래도 혼자 보내기 내키지 않나 보다. 초여름이지만 새벽 천왕봉은 춥다. 일찍 도착해서 바위를 가리개 삼아 바람을 피하다가 정상에 오르자 바람이 거세다. 비옷을 꺼내 입고 운해를 보고 동쪽 하늘이 붉어지는 것을 본다. 붉은 구름 사이로 붉은 눈썹처럼 해가 나온다. 해는 커져 반원이 되고 온전하게 모습을 드러낸다. 순식간이다. 모습이 다 드러나자 노란색이 되면서 도도하기 이를 데 없다. 감히 바라볼 수 없다. 천왕봉에 올랐던 많은 등산객들이 일출을 보았다. 각자 소망을 빌었는지, 마음을 다잡았는지 모른다. 지구의 모든 물리적 에너지가 해로부터 비롯된다. 심리적 에너지도 상당 부분 해에게서 오는 것 같다.

나는 순간, 중요한 것은 시간이라는 생각이 들었다. 어떤 소망도 아닌 시간을 잘 보내야 한다는 깨달음을 마음에 새긴다.

세상에서 가장 공평한 것은 햇빛이 아니다. 시간이다. 시간만이 모든 사람에게 가장 공평하다. 그 시간의 내용은 모두 다르다. 모든 인생이 다르듯, 모든 시간은 다르다. 모두는 하루의 시간을 공평하게 받는다. 그 시간 동안 무엇을 선택하고 무엇을 할 것인가는 각자의 몫이다.

나는 천왕봉 정상에서 따뜻해져 오는 햇살에 감사하며 시간을 받아서 내려왔다.

매일 아침 새로운 시간을 선물처럼 받는다. 더불어 햇빛도 받는다. 눈에 보이는 햇빛은 실은 8분 20초 전의 햇빛이니 눈에 보이는 대로만 사물을 보지 않고 사물이면의 진리도 가늠해보자고 다짐한다. 우주를 느끼고 큰 산을 바라보며 묵묵히 걸어가고자 한다. 지리산은 내게 많은 것을 말하고 있었다.

(2010년)

기저귀

　스무 해를 살아온 집 신발장을 바꾸었다. 신발장을 정리하다가 한쪽에 쌓아둔 기저귀 더미를 꺼냈다. 막내아들이 쓰던 기저귀를 차마 버리지 못하고 쟁여둔 것이다. 막내가 곧 성년에 접어드니 꽤 오랫동안 있었다. 쉽게 물건을 버리지 못하는 성미 탓도 있지만 기저귀를 애지중지 보관한 것은 무심함일까, 무던함일까. 천이 좋으니 나중에 다른 용도로라도 쓸 요량이었던 것일까. 새것처럼 깨끗하고 좋은 것을 버리기 내키지 않아서였을까.

　기저귀와의 인연은 결혼부터 시작되었다. 시댁에서 크고 있던 시누이 아들인 조카가 막 육 개월 즈음이었다. 같이 사니 조카 양육을 거들 수밖에 없었다. 아이 업어 재우고 빨래하고 청소하고 하루 세 끼니 식사를 감당해야 했다. 일곱 식구 빨래는 그중 일이 많았는데 조카의 천기저귀가 한몫 단단히 했다. 종이기저귀를 일절 사용하지 않아서 조카는 오로지 천기저귀만 썼다. 일회용 기저귀가 아이 피부에 좋지 않다고 하므로 장마철에도 겨울철에도 외출 시에도 천기저귀만 썼다. 조카의 기저귀 치다꺼리는 내 몫이 되었다. 대소변을 받아낸 기저귀를 애벌빨래하고, 비누칠한 기저귀를 삶고, 삶은 기저귀를 다시 빨아서 헹구어 맑은 물에 또 삶았다. 말갛게 헹구었는데 맑은 물에 기저귀를 다시 삶는 것은 납득이 되지 않았다. 빨랫비누의 독을 빼야 한다니 하는 수 없이 기저귀를 삶고 또 삶았다. 날이 흐리거나 장마가 져서 햇볕에 꾸덕꾸덕 마르지 않으면 다리미로 기저귀 천을 다려서 뽀송뽀송하게 만들어 썼다. 기저귀가 두세 장 쌓이면 투깔스럽게 타박을 놓으니 기저귀가 나오는 족족 한 장씩 빨아 삶을 수도 없고 난감했다. 두 번씩 삶아서 하얗게 널어둔 기저귀는 파란 마당에서 하늘거리고 기저귀 너머 보이는 하늘은 아득했다.

  호락호락하지 않은 나날들에 엎친 데 덮친 격으로 새벽마다 들리는 불경 소리는 난감했다. 창이 부옇게 밝아오기도 전 다섯 시 즈음이면 방과 거실 사이 움푹 파인 자리에 놓인 카세트에서 천수경이 들렸다. 카세트가 놓인 곳은 얇은 베니어판 하나를 경계로 두고 있는 데다 침대와 가까워 매일 아침 천수경을 듣지 않을 도리가 없었다. 앞면 테이프가 다 돌면 테이프를 꺼내 뒤집어 다시 틀었다. 저녁에는 쉬이 잠을 못 들어 늦은 밤 겨우 잠이 들곤 했다. 이른바 불면증을 겪고 있었다. 곤히

잠들지 못하여 피곤이 풀리지 않은 새벽에 천수경은 여지없이 들려왔다. 새벽마다 들리는 불경 소리가 달가울 리 없었다. 조금만 더 잠들었다가 일어날 때만이라도 평화롭고 싶었다. 새로울 것도 없고 좋을 일도 없는 일상이 이어지는 와중에 수도승이라도 된 냥 매일 알아듣지도 못하는 불경 소리를 들었다. 천수경이라고 하니 그런가 보다 하고, '사바하' 하니 불경인가 보다 했다. 뜻 모를 불경을 소음처럼 들으니 절로 불경스러워졌다.

불경 소리에 도를 닦지도 못하고 식사 준비에 청소에 빨래에 빠르게 지쳐갔다. 날마다 하얀 기저귀를 푸른빛이 나도록 삶아 헹구어 햇볕에 바람에 말렸다. 기저귀는 새하얗게 새것처럼 빨아지는데 내 마음은 푸르지 못했고 새하얘지지 않았다. 배가 불러오며 빨래는 고됐고 마음에는 기쁨이 적었다. 일곱 식구의 빨래를 오로지 손으로만 해야 해서 만삭 때도 산더미 같은 빨래를 해야 했다. 큰아이 출산하러 병원에 가는 날조차도 청소와 빨래를 마치고 집을 나섰다. 빨래는 하루도 그냥 지나칠 수 없었다.

큰아이를 만날 때가 다 되어갈 때 기저귀는 억장이 무너지는 무게로 다가왔다. 조카가 기저귀를 떼지 못해서 같이 기저귀를 쓸 상황이었다. 어리석어도 그리 어리석을 수 있을까. 융통성도 없는 데다 의견을 말할 수 없는 분위기에 평생 한으로 남을 바보 같은 짓을 했다. 외손자와 친손자가 쓸 기저귀가 섞이면 곤란하니 친손자가 쓸 기저귀에 까만 실로 × 표시를 하라고 하였다. 흰 광목천인지 소창인지 기저귀감을 끊어 와서 주니, 울며 겨자 먹기로 하라는 대로 했다. 태어나지도 않은 자식의 기저귀를 구별한다며 × 표시를 하다니! 하란다고 하다니…. 견디기 어려운 부아가 치밀었지만 거부할 수 없었다. 그 풍파를 어찌 감당하랴 싶었다. 책잡히지 말고 할 도리는 하며 견디는 것이 삶의 방편이었다. 스물다섯 살, 옳지 않은 것을 옳지 않다고, 싫은 것을 싫다고 말하기에는 용기가 부족했을까. 경험이 부족했을까. 그런 말이 허용되지 않은 분위기 때문이었을까. 고지식하고 융통성이 없어 곧이곧대로 따랐기 때문일까.

나중에서야 피할 수 없으면 동그라미로 수를 놓을 것을…. 이왕이면 예쁜 꽃으로 수를 놓을 것을…. 동양자수와 서양자수로 여러 액자와 병풍을 수놓아 만들었는데…. 어리석고 한심하고 답답한 자신을 어찌해야 할지 회한이 밀려왔다. 하란다고 시키는 대로 하다니….

조카를 키우며 단련된 기저귀 빨래는 두 번씩 삶아도 전혀 힘이 들지 않았다. 기저귀는 하루에 서른 장도 모자랄 지경이었고 적어도 하루에 세 번은 들통 가득 기저귀를 삶아야 했지만 기저귀를 삶고 말리고 걷어 개고 눅눅하면 다리미로 다리며 두 아이를 키웠다. 조카가 꽤 느지막이 기저귀를 떼자, 검은 표시도 곧장 다 떼어냈지만 그 기저귀를 몇 개월이나 쓴 것은 아무래도 속상했다. 때때로 화가 치밀고 수시로 슬픔이 차올랐다. 기저귀는 내 슬픔의 깊이만큼 내 화병의 깊이만큼 깊은 회한으로 남았다. 가슴에 지워지지 않을 검은 멍이 들었으리라.

삼 년을 그리 살다가 살림을 따로 나고, 작은아들을 키울 때도 예의 낡은 기저귀를 썼다. 몇 년이 더 지나서 막내를 낳았다. 좋은 천에 예쁜 무늬가 있는 기저귀를 샀다. 광목이나 소창이 아닌 거즈 같은 면이었다. 기저귀를 새로 장만하니 무척 좋았다. 예쁘고 깨끗하고 촉감도 좋았다.

오래 보관했다가 꺼낸 기저귀를 새삼스레 버릴 까닭도 없어서 들통에 삶았다. 삶은 기저귀를 세탁기에 돌리고 헹궈 베란다 빨랫줄에 널어두었더니, 막내가 밖에 하얀 것이 뭐냐며 묻는다. 기저귀라고 하자 황당한 모양이다. 놀란다.

'그래, 기저귀를 버리지 못하고 좋은 물건 간수하듯 쟁여놓은 것이 흔한 일은 아니지. 형들이 쓴 낡고 슬픈 기저귀를 너는 모르지. 오랜 기저귀를 다시 삶는 엄마 마음을 너는 알 수 없지.'

얼마나 더 기저귀를 보관할지는 지금으로서는 알 수 없다. 뽀송뽀송하게 마른 기저귀를 다시 잘 개어 넣어뒀으니 당분간은 기저귀를 꺼내버리지는 않을 것 같다. 무심한 듯 무던한 듯 놔둘 것이다.

(2019년)

공명

 드넓은 공간에 소리들이 가득 차있다. 모든 소리는 다른 색깔과 모양과 향으로 울린다. 바람이 불면 나뭇잎이 흔들리고, 나뭇잎은 새를 노래하게 하고, 새의 노래는 사람의 걸음을 멈추게 하고 공기의 파동을 일으킨다.
 음악을 듣는 것은 더할 나위 없이 안온하면서도 가슴을 울리는 공명이 있다. 악기는 비어있는 공간으로 바람이 불어 공기를 울려 소리를 내거나 현을 울리거나 반사되는 울림통에 따라 다른 공명을 낸다. 바람의 울림은 악기의 크기와 재질에 따라 소리의 맛과 색과 향이 모두 다르다. 사람에게서 울리는 공명의 크기며 향기의 농담은 모두 다르다. 큰 사람의 굵고 낮은 소리는 질박하지만 진솔하게 울려오는 깊이가 있다. 작은 사람의 여리고 맑은 소리는 명랑한 경쾌함이 있다. 목소리에는 노랗거나 붉거나 초록이거나 자줏빛의 색깔이 있고 꽃무늬 거나 격자무늬 거나 기하학무늬가 섞여있다.

  대나무 숲에 불어오는 바람은 대나무 가지를 흔들어 놓는다. 기다란 울림통을 지나온 대금과 가쁜 숨으로 맑게 울리는 단소의 공명이 다르다. 비어있는 대나무는 가슴을 울리는 대금의 입김이 되어 먼 하늘의 달빛에 가 닿고, 단소의 청아한 소리는 홀로 집 앞 개울을 깨우고 나무를 흔든다. 속이 비어있는 대나무는 단단해지고 단단해져서 몸을 울리는 악기로 환생한다. 가녀리게 어깨를 떨며 격정적인 바이올린의 소리와 가슴 깊이 침잠하며 온몸에 휘감기는 첼로의 울림이 다르다. 심장의 맥박을 따라온 몸을 휘감고 나오는 징의 오랜 울림과 어깨를 들썩이게 하고 발을 가볍게 놀게 하는 꽹과리의 소리가 다르다. 소의 발자국이나 코끼리의 진중한 발 디딤과 참새나 박새 혹은 나비의 날갯짓처럼 가뿐한 놀림의 여운이 다르다. 나뭇가지를 흔드는 바람 소리에 전이되듯 마음이 흔들리기도 하고 창문을 두드리는 빗방울 소리에 오도카니 있다가 상념에 휘청할 때가 있다. 빗방울은 빗방울만으로 수없이 많은 동심원의 파동을 일으켜 파동들이 부딪히고 섞이며 맑은 슬픔 따위를 가득 채운다. 빗방울이 가득 찬 여백 사이에 태고의 고요가 있다.

  울리는 것은 비어있어야 한다. 가득히 찬 것은 울림이 없다. 둔탁하고 묵직하게 튕겨오는 소리를 남길뿐 공명으로 이어지지 못한다. 비어있지 않은 사람은 다른 사람에게 울림을 줄 수 없다. 모든 것을 가진 사람이 무슨 감동을 주랴. 가슴을 울리는 사람은 비워낸 사람이다. 채웠다가 비워 낸 곳에 소리가 울릴 자리가 생긴다. 애초에 없는 것이 주는 아픔보다 가졌다가 잃어버린 아픔이 더 큰 울림을 준다. 사랑하는 사람이 없는 사람보다 사랑하는 사람을 상실한 사람이 더욱 아프다. 돌아갈 고향을 잃은 사람이 더욱 고향을 그리워하는 것처럼.

임 재범은 생채기가 아물지 않은 아픔으로 노래하고 이 소라는 영혼의 속삭임으로 얘기한다. 백 청강의 노래에는 중일전쟁이 있던 1937년 이래의 거창 유민의 연변사가 스며있다. 바보 대통령은 꾸밈없는 웃음과 눈물로 드러나고 DJ는 오열로 말갛게 말했다. 비극은 크기에 비례한다는 아리스토텔레스의 안목은 여지없이 들어맞는다.

이상과 순수를 꿈꾸었던 사람은 때때로 가슴이 답답하여 간혹 울컥 눈물을 쏟는다. 소망한 만큼 상실의 아픔이 있고 그 자리가 여물어지며 울림통은 커지고 단단해진다. 고향을 순수를 친구를 어머니와 아버지를 사랑을 꿈을 잃어버린 사람들은 저마다 공명하는 악기가 된다. 그리하여 사람이 악기이다. 사람의 몸짓은 시가 되고, 형형한 눈은 끝없는 이야기가 되며, 목소리는 울림이 된다. 가득 채워 커진 다음에 쓸모없음과 부질없음과 허황한 욕망을 걷어내고 비워야 틈이 생기고, 틈 사이로 깊은 울림이 나온다. 많이 가진 사람과 가득 채운 사람과 비워내지 못한 사람의 말은 울림이 없다. 자화자찬이거나 자기 과시 내지는 자기만족에 머무는 사람의 말은 향기가 없다. 목단처럼 화려할 뿐, 부귀영화를 누릴지언정 목단이 시들면 푸르고 커다란 잎사귀만 가볍게 떨릴 뿐이다.

  검은 먹구름이 노을에 더욱 붉게 빛난다. 구름이 머금은 물알갱이의 양만큼 지는 햇빛을 받아내며 뜨겁게 타오른다. 일순간 거인의 눈물을 보듯 낯설면서도 반가운 찰나이다. 무뚝뚝하거나 차가운 사람에게서 가득 찬 눈물이 왈칵 넘치는 모습을 본 것 마냥 개운하고 마음이 놓인다. 이제 막 비워내려는 무게를 지닌 먹장구름은 해산하는 아낙처럼 숭고하다. 그래, 한바탕 실컷 울어버리고 가볍게 승천하면 그 말간 얼굴을 편안하게 바라보며 덩달아 가벼워질 것 같다. 소리마다 사물마다 특별한 울림이 있어서 그 울림에 감응하기도 하고 무심히 지나치기도 하며, 구름이 물방울을 모으듯 상념을 안고 한 번씩 비워내며 마음자리가 온 하늘을 떠돈다.

  공명이나 울림은 듣는 사람에 의해 의미가 달라지기도 한다. 듣는 사람의 촉수와 감응하여 전율을 일으키기도 하고, 공기를 흔들다가 소멸하기도 한다. 백아는 종자기로 인하여 거문고의 현이 살아났으며 종자기의 감응이 백아의 거문고로 하여금 가볍고 무거운 춤을 추게 했다. 백아를 마주한 종자기가 아니지만 재생되는 음악을 무시로 듣고, 활자화된 책과 마주하는 것은 얼마나 고마운 일이랴. 듣기 위해서라도 말을 덜어보려 한다. 때로는 아주 작은 소리에도 귀를 기울이도록 빈자리를 두어야 한다. 여백의 자리로 공명이 울린다.

(2011년)

김장을 하다가

 겨울이 오고 대설이 지났다. 너나 할 것 없이 김장으로 소란하다. 따뜻한 남쪽에서는 의례 11월 말부터 12월 중순까지가 김장철이다. 지난해에는 오래되어 고장 난 김치냉장고를 버리고 새 김치냉장고를 장만해 놓고 정작 김장은 포기했다. 그랬다가 일 년 내내 반찬거리 장만이 고됐다. 올해는 어찌 되었든 김장을 하기로 작정하고 추석 전에 일찌감치 마른 고추를 사두었다.
 연말까지 미루려다가 갑자기 추워진다는 일기예보에 부랴부랴 김장을 앞당겼다. 추워진다니 이왕 김장을 할 바엔 서둘러야 했다. 김장하기로 맘먹자마자 오래된 단골 가게에서 배추를 사서 작은 차에 가득 실어왔다. 작은 차라도 없었을 때는 배추를 사 오는 일조차 쉽지 않았다. 낑낑대며 배추 무더기를 들고 버스를 타고 다닌 적도 있었고 택시에 싣고 오기도 했다. 사정사정하여 짐을 실어줄 차를 기다릴 때는 겨울바람에 발을 동동거리기도 했다.

김장은 이틀이면 충분하다. 배추를 절여 6시간이면 씻어 건져 물기를 빼고 양념을 준비하여 다음날 차분히 버무리며 정리하면 되었다. 늘 그랬다. '혼자서도 잘해요'하며 배추를 가르고 소금물에 잠시 두었다가 큰 통에 옮겨 배춧잎 사이사이 굵은 천일염을 뿌린다. 배추 숨이 어느 정도 죽어 물이 고이면 아래 배추를 위로 올려주었다가 간이 적당하게 들었을 때 서너 번 빠르게 씻어 건져 소쿠리에 차곡차곡 엎어두었다. 김치는 간이 가장 중요하므로 배추 간은 누구한테 맡기지 못할뿐더러 간이 된 배추를 사 볼 생각 따위는 결코 해본 적이 없다. 육수를 끓이고 청각을 불리고 찹쌀가루 풀을 쑤고, 사과와 배를 채 썰고, 대파며 갓이며 쪽파를 씻고 썬다. 새우젓이며 생새우며 마늘이며 생강이며 양파 등도 불린 고추와 함께 갈아둔다. 각종 양념을 고춧가루와 함께 혼합하여 고춧가루가 조금 불게 놔두었다가 물기가 쫙 빠진 배추에 양념을 고르게 묻혀주면 김치가 되었다. 늘 그렇게 김장을 했다.

한 해에 두 번 김장을 하는 일도 빈번하였다. 김치가 가장 중요한 반찬이었으므로. 가을배추만 한 좋은 김치재료도 없었으므로. 손이 커서 김치를 많이 담았고 많이 나누어 먹었다. 김장 이튿날에는 목살을 삶아 지인들을 숱하게 불렀다. 그랬던 김장을 최근 몇 년 사이에는 이 년에 한 번 꼴로 한다. 식구가 준

탓이다. 먹을 사람이 줄어드니 해마다 김장을 할 필요가 없어졌다. 올해는 큰아들이 집으로 돌아와 김치 없는 불편함을 여러 달 겪었다. 김장을 해야 했다. 작은 아들에게도 김장을 주고, 군대 가기 전 막내아들도 김치를 기다린다.

나는 일찌감치 김치를 담아 먹었다. 객지에서 학교를 다니는데 김치 없이 밥을 먹지 못하니 별 수 없이 배추 한두 포기로도 김치를 담아 먹었다. 서울에서 지낸 7년여 동안 김치가 떨어지면 영락없이 김치를 담아야 했다. 엄마가 김장김치를 가져다주셔도 그리 오래가지 않았고 저장 공간도 마뜩잖은 시대였다. 김치를 일찍 담아먹었으니 김치 경력도 삼십 년이 훌쩍 넘었다. 예전 같으면 초로의 여인이었을 나이에 이르러보니, 김장에 얽힌 에피소드가 어디 한두 가지랴.

어렸을 때 시골에서의 김장김치는 두 가지 버전이 있었다. 속이 노랗게 찬 배추는 명절에 쓸 요량으로 소를 많이 넣어 김장독에 묻고 설날이 가까워야 개봉을 했다. 작은아버지들이 유독 그 김치를 좋아하여 꼭지만 뗀 김치를 두 접시씩 비웠다. 명절에 먹는 속이 노란 배추김치는 큰집인 우리 집에서도 설부터 대보름 사이에 먹는 귀한 김치였다. 설날부터 닷새는 손님들이 줄을 이어 떡국 소모량이 엄청났다. 더불어 배추김치도 소모량이 많았다. 평상시 우리가 먹는 김장은 속도 차지 않고 파란 겉잎이 너무 많은 자디잔 배추로 담았다(배추 종자가 그랬는지, 거름이 약했는지 모르지만 배추가 그리 실하지 않았다). 영양은 있었겠지만 소를 아낀 평상시 버전의 김장김치

3 아픔일까, 그리움일까

는 많이 아쉬웠다. 명절 버전을 먹고 나면 더 그랬다.

내가 담는 김장은 그래서인지 소를 아끼지 않는다. 다른 곳에서 김장을 담아 올 때, 먼저 다른 이들의 몫으로 지정된 김치부터 담갔다. 가장 나중 양념 아끼라 하여 하는 수 없이 양념 적게 넣은 김치 한 통이 주어졌다. 마지막에 담은 김치 한 통으로 이틀의 수고가 끝났다. 그 해 김장에는 임자 없는 제사를 지내고 김장까지 하느라 연이틀 노동의 양이 한계를 넘었었다. 칠십 포기의 적잖은 배추김치와 무김치를 혼자 버무리고 소조차 적은 김치 한 통을 겨우 들고 올 때의 기분이란….

김치를 버무리기 전부터 어른이 감을 따러 간다고 하니 기가 찼다. 칠십 포기 삼백 쪽 가까운 배추를 놔두고 감을 따러 가겠다니…. 그날은 날이 흐려져서 못 갔는데, 이튿날 불미스러운 전화를 받았다. 결국 감을 따러 갔는데, 임자 있는 감나무를 톱으로 베어내고 남의 감을 땄다나….

추석 전에 마른 고추를 장만하는 것은 아주 중요한 살림이었다. 늘 우리 집 김장을 따로 다시 해야 했으니. 맘껏 재료를 손질하고 다듬어 채 썰고 쫑쫑 썰어 버무렸다.

막내가 돌이 되기 전, 갓난아이를 두고 김장하기 어려워 돈을 드렸더니 딱 한 통의 김치가 왔다. 사 먹는 김치는 비싸다며(그렇게 비싼 김치를 사 먹을 형편도 아닌데…). 그리하여 돌이 지난 막내를 데리고 김장하는 방법을 찾았다. 낮에는 형들이 잠깐 봐주는 사이에 재료를 손질하고 소를 준비하여 베란다에 내놓았다가, 막내가 깨지 않을 자정이 지나서 베란다에서 김칫소 대야를 끌어와 새벽까지 김장을 담갔다. 이태를 그리하니, 낮에 김장을 버무려도 되었다.

어떤 해에는 이틀 전부터 배추를 뽑고 간을 하러 갔고, 전날에도 배추를 건지러 갔다. 당일 새벽부터 서둘러 생새우 두 짝과 밴댕이(디포리) 한 상자와 다시마를 사서 김장을 하러 갔다. 오전에 소를 만들어 오후에 버무리고 뒷정리까지 마치면 밤이 될 터였다. 느닷없이 고춧가루 두어 근을 빻아오겠다고 이른 아침에 어른이 집을 나섰다. 머지않아 곧 돌아오려니 했는데 오후 3시가 되어서야 귀가를 했다. 고춧가루 두어 근을 빻고 남의 집 김장을 버무리다가 왔노라고 했다.

'이녁 집 김장하는 날, 남의 집 김장을 하고 오다니…. 이녁 집 김장에서는 양념을 손에 묻히지 않으면서 남의 집 김장을 버무리다니….'

짧은 겨울 해가 얼마 남지 않았는데, 김장을 마무리하려면 까마득한데, 대뜸 "갓을 더 쫑쫑 썰어놓지 않았다"고 한소리다. 온갖 재료를 손질하고 육수를 내어 거르고 재료 준비를 다 해 놓은 것은 당연해서 언급할 일도 아니었나. 삼일 동안의 수고가 타박으로 돌아왔다. 머무르며 김장을 완수해야 하니 몸도 마음도 부대꼈다. 김칫소가 오후 늦게 완성되는 바람에 자정까지 김장을 하고 말았다. 역시 버무리기는 혼자 몫이었으므로. 돌아갈 차가 없어서 새벽 한 시까지 기다려야 했다. 속은 부글부글 끓고 몸은 지쳐 쓰러질 지경이고 부아가 났다. 같이 간 막내도 일이 끝나기를 기다리다가 지쳤다. 그 후로 한 번

3 아픔일까, 그리움일까   153

정도 더 김장을 같이 했을까. 결국 내가 참여하는 김장 행사는 종료되었다. 여러 가지 별일이 많았겠지만 김장 하나만으로도 감정이 널을 뛰었다. 짠한 마음과 부아가 들쭉날쭉 들락거렸다.

  김장을 시작했다. 네 쪽이 나오는 배추 마흔 포기를 간하고 양념을 준비했다. 간이 된 배추를 건지면서 배추 뿌리 부분을 손질하다가 어둑어둑한 베란다에서 칼이 많이 나갔나 보다. 순간 검지 손끝에서 피가 흐른다. 예사로 조금 벤 것이 아닌 모양이다. 손으로 눌러도 지혈이 될 수준이 아닌 게다. 꿰매야 할 상처라는 가늠이 들었다. 한참을 눌러도 손을 떼면 피가 쏟아지니 하는 수 없이 병원행이다. 김장 초기 단계가 채 끝나기도 전에 부상이다. 한 번도 없던 일이다. 채 건지지 못한 배추와 잔뜩 사다 놓은 재료들을 보니 김장을 마무리할 수 있을지 앞이 캄캄하다. 어두운 데서 일하다가 다쳤다고 막내가 성화다. 막내가 서둘러 운전하는 차를 타고 깜깜해지는 길을 달려 병원에 갔다. 피가 흐르는 손가락을 누르느라 소금물이 튀어서 희끗희끗해진 옷을 갈아입지도 못하고 병원으로 갔다. 김장 준비하다가 다쳤다는 말에 꿰매야 한다고 한다. 그럴 줄 알았다. 웬만하면 눌러서 지혈하고 밴드 붙이고 일을 했을 텐데 지혈이 안 되더라니…. 몇 바늘 꿰매고 집에 오니 걱정이 태산이다. 배추를 마저 건지고 재료를 준비해야 하는데 고무장갑에 검지가 들어가지 않는다. 꿰매고 나서 너무 뭉툭하게 반창고를 감아 놨다. 물이 들어가면 안 된다고 하여 검지를 손바닥으로 구부리고 고무장갑을 끼고 채를 썰었다. 불편하기 짝이 없다. 검지가 들어갈 고무장갑 손가락이 논다. 방해가 되므로 통제 불능의 고무장갑 검지를 안으로 눌러 잡고 칼질을 한다. 불편하기 이루 말할 수 없다. 일이 뜻대로 되지 않는다. 더디다. 더딘 대로 오른손으로 재료를 씻고 다듬어 늦은 밤까지, 다음 날 이른 아침부터 재료를 준비하여 가까스로 김칫소를 만들었다.

어찌어찌 물고추도 갈아 와서 오전에 김칫소가 완성되었다. 점심을 먹고 아들 둘이 고무장갑을 꼈다. 생전 처음이다. 큰아들은 지난해에 엉뚱한 사람들과 김장을 해서 기함하게 하더니 올해는 엄마 앞에 앉아서 김장을 버무린다. 막내는 생전 처음 김장 양념을 묻힌다. 서툴지만 꼼꼼하게 배추를 버무리니 감격스럽다. 두 아들의 선전과 동생의 도착으로 '자정까지라도 마치지' 하는 각오가 무색하게 이른 오후에 넉넉하게 마무리되었다.

맨손으로 일하다가 다쳤다고 동생의 걱정과 핀잔을 들었다. 손이 너무 거칠다는 것이었는데, 유구무언이다. 삼십 대 중반이 다 되어서야 김장 버무릴 때나 마지못해 고무장갑을 사용할 뿐, 평상시는 늘 맨손으로 일을 해왔으니, 내가 보아도 손이 너무 거칠다. 막내의 고무장갑을 이어받아 김장을 하다 보니 손바닥에 꼬부린 검지가 어느 순간 고무장갑 검지를 찾아 들어가 있었다. 어쩐지 어느 순간부터는 검지를 의식하지 않았는데 이 고무장갑은 신축성이 더 있었나 보다. 뒷정리까지 큰아들이 하니, 세상 편하게 김장을 한 기분이 들었다. 너무 불편한 준비였음에도 손가락을 꿰맨 일이 오히려 아들들의 참여로 이어져 늘 혼자 버무리던 김장에서 해방되게 하다니. 새옹지마(塞翁之馬)다. 김장은 작은 일이기도 하지만 그 집의 풍경을 단번에 보여주는 상징적인 순간이기도 하다.

함께 일을 하는 사람이 있고 타인에게 일을 시키는 사람이 있다. 함께 일하는 사람과 일을 하면 과정이 힘들어도 괜찮다. 일을 마쳤을 때 일을 마쳤다는 기쁨이 크다. 후련하다. 뿌듯하다. 서로 감사하고 서로 다독인다. 누가 누구를 부리지 않는다. 함께 일을 한 것일 뿐. 엄마랑 일할 때의 느낌이랄까(결코 일의 양이 적지 않았고 강도가 약하지 않았지만). 좋은 동료와 일을 한 느낌이랄까. 함께 일을 했고 함께 살았다. 일은 함께 하는 것이다. 일을 시키는 사람은 자신은 일에 손을 거의 대지 않고 입으로 손으로 일을 시킨다. 그런 사람은 아랫사람 부리듯 일을 시킨다. 지시하는 것이 당연한 권리인 줄 안다. 일을 시키는 사람은 가족 안에 있기도 하고 직장에 있기도 하다. 많이 부리지 못하면 손해라도 보는 마냥. 타고난 일꾼인 줄 아는가. 강단진 체질도 아닌데…. 함께 일을 하는 것은 사람에 대한 예의이고 존중이다. 합당하지 않은 일을 시키고 양도받을 수 없는 권리를 행사하는 사람은 무례하다. 인간에 대한 존중이 먼지만큼 미미하다.

엄마와의 관계에서 나온 호의가 다른 집에서도 사회에서도 직장에서도 지속되었나 보다. 호의가 지속되면 권리가 된다. 함께 일한다는 마음으로 호의를 나눈 것을 권리를 양도받은 매수인 같이 여긴다. 사람이 바뀌니 호의는 잊히고 호의로 시작된 일은 의무처럼 남아 어깨를 짓누른다. 함부로 호의를 베풀 일이 아닌 것이다. 일을 시키며 자신의 권리인 줄 알잖은가. 권리를 남에게 맡겨 놓은 적이 없건만.

검지를 꿰매고 2주 만에 실을 풀었다. 꿰매고 십 분도 지나지 않아 이튿날까지 손을 혹사해서 그랬는지 꿰맸던 곳은 결국 떨어져 나갔고 새살이 돋았다. 같이 잘렸던 손톱도 조금씩 자랐다. 몸의 상처는 시간이 지나면 회복된다. 마음의 상처도 결국 회복되지만 어떤 일들은 더 많은 시간이 필요하다. 상처보다 상처 후에 어떤 과정으로 극복됐는지가 더 중요하기 때문이다. 고마워하고 미안해하고 안타까워하고 함께 일을 하고 참여하면 상처는 금방 낫는다. 무례하고 이기적이고 무관심하고 인정이 결여되면 상처는 오래갈 수밖에 없다. 사람 사는 일이 다 그렇다.

김장을 담그는 일은 작다면 작은 일이고 크다면 큰일이다. 사람 사는 일이 대체로 다 그렇다. 구체적인 일들은 작다면 작은 일이고 크다면 큰일이다. 일은 무엇이든 함께 거들고 더불어 후련한 기쁨과 뿌듯한 보람을 느껴야 한다. 누구 하나가 죽을 둥 살 둥 일하는 장소는 인간성을 상실한다. 그곳에 누가 머무르고 싶겠는가. 누가 도구처럼 소모되기를 바라겠나. 함께 살아야 하는 세상인 걸.

(2020년)

part 4

사색 그 고요 너머

은행나무 아래에 서서

나무를 바라보는 것으로 소소한 기쁨을 느끼는 때가 있다. 이른 봄날, 햇볕이 따뜻해져 오면 싹이 파릇하게 올라오는 기미를 알아채려고 나뭇가지를 유심히 보게 되는데 가려움을 타듯 꿈틀거림이 느껴지는 가지가 유쾌하기 그지없다. 나무가 황량한 찬바람에 무심한 듯 몇 개월을 지내면 파릇한 새싹이 눈이 시리게 보고 싶어 나뭇가지의 조그마한 낌새라도 놓치지 않으려는 마음이 나뭇가지를 향한다. 가지가 수런거리듯 가려움에 부풀어가면 어느새 참새 주둥이처럼 연둣빛 싹을 뾰족하게 내미는 것을 바라보는 건 가벼운 쾌감이다.

나무를 보고 배우는 것이 있다. 오래된 어떤 나무는 영물처럼 신비한 마력을 지니곤 한다. 풍채 좋은 오래된 나무는 우뚝 서 있는 것만으로도 주변을 압도하는 권위를 지닌다. 공룡과 더불어 살아서 가장 오래된 나무 중 하나라는 은행나무는 여러 가지 미덕을 지닌 매력적인 나무이다.

은행나무는 고운 색을 지녔다. 은행나무의 어린싹은 앙증맞은 꽃처럼 피어난다. 새싹이 잎자루에 모여 날 때는 흡사 초록의 카네이션이나 장미처럼 화사하고 신비롭다. 새잎들이 꽃잎처럼 볼을 맞대고 있다. 하나의 작고 도톰한 겨울눈에 올망졸망 모여서 지난가을부터 봄을 기다렸나 보다. 매서운 겨울밤의 찬 기운을 함께 이기는 공존의 작은 방이 미덕이다. 일제히 봄 햇살에 얼굴을 내민 우애가 정답다. 연둣빛에서 초록으로의 성장도 깔끔한 하나의 색으로 빛을 더해간다. 가을날의 노랗게 물든 은행잎은 노란 나비처럼 눈부시다. 빛바랜 활엽수의 누추한 수의가 아닌 화사한 노란빛은 은행나무가 고결한 종족이라고 부르기에 모자람이 없다. 색의 변화가 경박하지 않고 누추하지도 않다. 마지막까지 우아하다.

은행나무는 느림의 미학을 보여준다. 빙하기를 견뎌낸 지혜인지, 잎샘 추위에 화들짝 놀라 어쩔 줄 모르는 웃자란 나뭇잎더러 보라는 듯 느리게 잎이 자란다. 잎이 나자마자 불쑥불쑥 자라는 여느 활엽수의 젊은 패기보다 느리게 천천히 자라는 은행나무의 지혜가 덕스럽다. 느긋한 성미로 천년을 사는 은행나무는 서두르지 않고 힘을 골고루 나누며 느릿하게 산다. 천천히 잎을 키우던 은행나무는 낙엽도 느리게 진다. 도톰한 질감의 두께와 무게를 덜어내고 비우다가 늦은 찬바람에 일제히 꽃 처럼 나비 처럼 흩날리니 차분하면서도 깔끔하다. 조급

한 마음에 아이들을 다그치던 때가 떠올라 당혹스럽고 미안했다. 천성의 성장 속도는 다를지라도 획일적인 표준에 의해 자라야 하므로, 호락하지 않은 환경에서 강한 주체로 자라길 바랐으므로, 나의 장점만이라도 이어받길 바랐으므로, 세상을 조망할 창이 작았으므로 아이들의 성장을 기다려주지 못하고 조바심을 가졌었다. 천천히 자라는 은행나무에 자꾸만 눈이 가는 까닭이다.

은행나무는 암나무와 수나무가 다르다. 은행나무는 스무 살이 넘어야 열매를 맺는다. 암나무는 아기를 안은 여성처럼 굵은 가지를 펴고 있다. 때로는 굴곡지고 뒤틀리면서 팔을 벌리고 있다. 스무 살이 넘어 열매를 맺는 은행나무는 갈수록 가녀리고 앳된 처녀가 아니라 다산한 여성처럼 풍만해진다. 갓난아이는 모체의 팔에서 자란다. 대개 여성은 아이를 안고 키우느라 팔뚝이 굵어진다. 은행나무의 수나무는 하늘로 곧게 올라간다. 수나무는 훤칠하고 날렵하여 모양새가 오히려 암나무보다 매끈하다. 수나무는 하늘로 곧장 올라야 바람결에 꽃가루를 더욱 잘 전해줄 수 있겠기에 이마를 높이 하고 팔을 위로 뻗어야 하나보다. 우듬지의 하늘거리는 나뭇가지에는 수나무의 안간힘이 들어있다. 수나무의 기상이 하늘을 향해 오르지 못하면 가까운 암나무의 열매가 부실할 것이니 남성성과 여성성의 역할분담과 차이가 그럴듯하다.

은행나무는 고루하지 않고 해학의 일탈이 있다. 나무의 줄기에서 싹이 나고 밑동 둥치에서 새 동기를 낳는다. 고목의 무심한 줄기에서 새로운 가지도 없이 문득 싹이 올라오는 것은 파격이다. 무뚝뚝한 사람의 장난스러움 같다. 은행나무에게서 무한한 생명력이 넘친다. 크고 작은 옹이를 드러내고 인위적인 상처도 드러내고 무심한 듯 서 있다. 때로는 혹부리처럼 옹두리를 늘어뜨리고 태연자약하다. 언뜻 보면 거친 나뭇결이 손으로 만져보니 뜻밖에 매끄럽다. 눈에 속는 일이 어디 한두 번이랴마는 보이는 것과 실제가 다른 것을 찾는 일도 자잘한 즐거움이다.

노트 속에 마른 은행잎을 발견할 때는 시간이 휜다. 지난 늦가을의 달빛과 햇빛이 드러나고 쓸쓸하고도 차분히 가라앉은 공간이 휜다. 스물이 되기 전 노트가 탈색 없이 다가오고 앳된 소녀의 일기가 노랗게 살아있다. 노란 나뭇잎을 사각거리며 걷던 길이 다가오고 시 한 줄이 바람처럼 스치어간다.

오래된 나무는 영험한 힘을 지닌 듯하다. 기껏 팔순의 언저리에 머무는 사람의 역사로 천년의 생명력을 가늠하기란 역부족이지만 은행나무에게서 오랜 역사의 미덕을 본다. 지혜가 가득한 도인이 수수한 모습으로 거리를 걷고 있는 것 같다. 은행잎이 말없이 푸른 하늘 가득 살랑 미소를 짓는다.

(2011년)

가을비

창밖에 비가 내린다. 소리 없이 내린다. 비는 목마른 낙엽 위에 낮게 내려앉는다. 돌아갈 고향처럼 흙 위에 누운 낙엽은 애처롭지만은 않다. 돌아갈 때도 돌아갈 공간도 맞춤하여 편안하다. 허섭스레기 같은 검은 아스팔트에 내려앉은 낙엽을 보는 것은 민망스럽다. 쓰일 곳을 잃은 사람처럼 허망하다. 가벼운 유산도 남기지 못하고 바람에 발길에 휘청거리는 모습은 보기에 딱하다. 길 잃은 낙엽 위에 비가 내린다. 늦은 가을에 내리는 비는 마음에도 내린다.

시간은 나선형으로 흐른다. 가을이 가고 겨울이 오지만 같은 시간은 오지 않는다. 비슷하게 닮은 시간이 비를 타고 오고 바람을 안고 온다. 낙엽을 밟으며 재잘거리던 날이 지나고 천천히 한 걸음씩 귀를 기울이던 날이 지나갔다. 스물세 살에 쓸쓸히 내리던 가을비는 아직 마음에서 공허를 깨우고 있다. 애늙은이처럼 잿빛으로 남은 허령한 마음은 오래도록 침묵하고 있다. 나이 먹는다는 것은 애가 타들어가는 일이 많다는 것인지, 젊은 날의 타다 남은 재와 조우한다. 무겁고 어두운 마음을 태웠던 재는 아직 뜨거운 재와 만나 홍염을 일으키기도 한다. 아직 태울 재가 남았다면 찌꺼기도 없이 태워 가벼워지고 싶다. 가을비는 붉은 단풍에도 누추한 낙엽에도 사박사박 내린다.

비는 사물을 선명하게 씻는다. 사람의 교변과 달변도 재치 있는 처세도 허랑한 처신도 씻어낸다. 온갖 빛깔의 깃털을 모아 곱게 치장한 까마귀의 깃털들을 떨어뜨리고 인공의 염료를 씻는다. 허세의 웃음도 씻기고 명품 가죽 가방도 씻는다. 비는 먼지를 덮어쓴 가로수를 씻기고 뒤란 장독대의 불룩한 항아리를 씻고 오래된 기와지붕을 씻는다. 비는 뛰노는 아이의 땀을 씻고 산에 사는 노루의 등을 씻기고 배추 잎사귀를 씻는다. 비는 신발을 젖게 하고 바짓가랑이를 젖게 하고 머리카락을 후줄근하게 늘어뜨리고 화장한 얼굴을 번지게 한다. 멋들어지게 걸친 마법의 가운을 벗기고 가면을 얇게 벗겨낸다. 비는 선명하게 사물을 드러나게 한다. 비는 적나라하게 사람도 드러나게 한다.

가을은 정직한 계절이다. 가을은 꾸며도 꾸민 티가 나는 계절이다. 예쁜 옷을 입고 정성 들여 화장을 해도, 값비싼 양복에 반짝이는 구두를 신어도 본래의 모습이 드러나는 계절이다. 가을은 정직하다. 뿌린 만큼 거두고 돌보고 지킨 만큼만 온전한 자기의 몫이 된다. 자갈밭에 뿌린 씨앗은 드문드문 더디 자라지만 자갈을 고르고 물 길어 돌본 사람은 씨알 여문 열매를 얻는다. 기름진 밭에 뿌린 생명도 돌보지 않고 방치하면 가을이 와도 거둘 알곡이 드물다.

가을은 사람을 향해 직선으로 온다. 애써 외면하며 가려해도 지름길로 와서 앞에 선다. 배우자의 모습으로 오고, 자녀의 모습으로 오고, 부모님의 모습으로 온다. 친구의 허탈한 웃음으로 오고, 동생의 함박웃음으로 온다. 오랜 시간이 함축된 눈빛으로 오고, 갖은 이야기를 담은 요지경을 지니고 온다. 소녀의 꿈도 비로 오고, 신부의 소망도 비로 온다. 가까운 사람이 비가 된다. 다하지 못한 말들이 다시금 오고, 미처 울지 못했던 울음도 문득 온다.

가을에 내리는 비는 비수같이 냉정하다. 스물에 내리는 비는 청초함을 빛내고 서른에 맞는 비는 씩씩한 에피소드가 되지만 마흔이 넘어 내리는 비는 젊은 날의 강도를 드러낸다. 그의 젊은 날이 단단했는지 아니면 허방이었는지를 구별해준다. 누구에게나 가을이 오고, 누구도 가을에 오는 비를 한 번쯤 우산 없이 맞는다. 허무하고 쓸쓸해지는 밤이나 냉기가 도는 이른 아침이나, 삭풍처럼 몰아치는 동짓달의 바람에 가을비가 묻어 오기도 한다. 이른 아침에 어둠에 스미듯 인기척도 없이 손님처럼 오는 비는 고요를 깨운다. 예기치 못한 사건처럼 가늠하지 못한 이별이나 갑작스러운 두통처럼 늦은 가을에 비를 맞는다. 가을에 맞는 비는 내 몫이다. 비를 맞으며 머리카락이 세고 비를 맞으며 주름이 깊어진다. 비를 맞으며 너그러워지고 비를 맞으며 눈은 깊어진다. 후줄근하게 흘러내린 머리카락을 쓸어 올리고 화장기 없는 얼굴로 돌아온다.

가을이다. 추수가 끝난 들판에서 고요히 미꾸라지가 평화를 누리고 밤 한 톨이 흙을 덮고 쉬는 가을이다. 따뜻한 불빛에 마음을 다독이는 가을이다. 맹렬한 도전에서 돌아와 옷매무새를 가다듬고 겨울을 준비하는 계절이다. 늦은 가을에 비가 내리면 하늘도 낮게 내려와 시린 한숨을 쉰다. 늦은 가을에는 혼자 서성거릴 시간이 필요하다. 홀로 침묵하고 스스로 체념도 한다. 버릴 것도 버리지 못할 것도 오랜 서랍 속처럼 정리한다. 늦은 가을에 비를 맞고 낡은 서랍을 살펴보면 열 가지를 모두 올곧게 지닌 사람은 아무도 없게 된다. 잃어버린 순수와 식어버린 커피 같은 밋밋한 열정과 걱정과 두려움에 휩싸였던 젊은 날들이 빛바랜 박제가 되어있다. 먼지를 털듯 가을에 가슴으로 떨어지는 비를 맞으며 진솔하게 나와 만난다. 나의 역사와 나의 실존이 만나 엉뚱하게 묶인 매듭은 풀고 엉성하게 묶인 매듭은 다시 고쳐 매고 새로운 길을 시작해야 한다. 끝내 버릴 수 없는 꿈은 오롯이 남아 가슴에 훈장처럼 달고 걷는다.

늦은 가을에는 잠시 맨 몸으로 비를 맞아도 좋다. 창 밖에 내리는 비를 하염없이 바라보아도 좋다. 꾸밈없는 겨울이 문득 가까이에 있다.

(2011년)

담쟁이

초록빛의 담쟁이 잎이 오래된 돌담을 해사하게 꾸미고 있다. 아기의 새끼손가락 같은 보드라운 덩굴손이 돌담 위에 살포시 얹어져 앙증맞다. 담쟁이는 굵은 혈관이 힘차게 흐르는 건장한 남성미와는 거리가 있다. 가늘고 약한 줄기를 지녀 바닥에 곧게 서지도 못하는 연약한 목숨이지만 누구보다 햇빛을 좋아하여 수직의 벽을 오르는 기개를 보인다. 담쟁이가 올라간 돌담과 담쟁이가 더듬거리며 오르는 나무를 바라보면 눈길이 머문다. 마음이 가는 곳에 눈길도 가고, 눈길이 가는 곳에 마음도 간다. 담쟁이덩굴은 오로지 인내와 의지로 살아가는 뭇사람들과 닮은 구석이 있다. 버팀목도 없이, 굳건한 뿌리도 없이, 탄탄한 몸통도 지니지 못한 여린 삶과 닮았다.

꿈을 향해 포기하지 않고 걸어가는 사람은 담쟁이를 닮았다.

한 번의 위기도 없이, 앞에 버틴 장애물도 없이 꿈을 성취한 사람은 담쟁이의 가늘고 앙상하게 얽힌 줄기가 낯선 이물감이기도 하리라. 삭막한 겨울에 생명이 사라진 것 같은 담쟁이 줄기는 당혹스럽기도 하였으리라. 온기라고는 애초에 없었을 것 같은 삶의 누추함이 나체로 엉겨있는 담쟁이덩굴은 안쓰럽고 민망하기까지 하다.

누구나 꿈이 있었다. 간절한 꿈도 있었고, 가고 싶은 길이 있었고, 이루어 나가고 싶은 소망이 있었다. 삶에도 겨울이 있어 낭패스러운 빈약함을 드러내는 일이 드물지 않다. 꿈이 멀리 있어 손에 닿을 수 없다고 주저앉아 있던 날들이 있었다. 꿈조차 꾸지 못하고 공허한 하늘만 바라보던 날이 오래 지나갔다. 어깨에 묵직하게 내려앉은 하늘의 무게만큼 무덤덤해진 발걸음으로 무던히 터벅터벅 걸어왔다.

겨우내 사체(死體)같던 담쟁이덩굴에 새싹이 돋아나면 혈관에 맑은 혈액이 도는 것 마냥 생기가 넘친다. 초록빛 잎이 담벼락을 온통 뒤덮으면 생생한 쾌감이 눈에 가득 찬다. 여름날의 소나기도 싱그럽고 한낮의 땡볕도 담쟁이덩굴에 반사되면 싱싱하게 푸르다. 푸른 장막이 펼쳐지듯 마음에도 위안이 된다.

담쟁이는 햇빛을 보기 위해서 거친 돌담을 거침없이 오른다. 바닥에 밟히지 않기 위해서 더듬거리며 오르고 벽을 붙든다. 바닥에 쏠려 허둥거리지 않으려 오르고 오른다. 커다란 벽 앞에서 높다란 벽 앞에서 고개를 떨어뜨리지 않는다. 언젠가 보일 탁 트인 하늘을 향해 서두르지 않고 손을 뻗어 나아간다.

담쟁이덩굴은 꿈을 결코 포기하지 않은 사람처럼 햇빛을 포기하지 않는다. 하늘을 가장 가까이에서 보려고 장애물을 오르고 넘는다. 담쟁이는 벽을 에돌아가지 않고 맞선다. 벽 앞에서 주저하지 않는다. 가늠하지 못할 높이의 벽도 기어이 올라가 가장 높은 곳까지 이른다. 그토록 좋아하고 소망한 햇빛과 온전히 마주하기 위함이다.

하늘이 높던 가을날, 붉게 물든 담쟁이 잎은 햇빛을 모아 타오르듯 열정적이다. 볕이 잘 드는 벼랑에도 오래되고 낡은 담벼락에도 거친 길가에서도 고운 빛으로 타오른다. 단풍이 든 담쟁이는 초로(初老)의 여인처럼 아름답다. 바닥에 엎드리지 않고 무단히 오른 시간이 쌓여 화사하게 빛난다. 벽 앞에서 막막하게 바라보지 않고 하늘을 향해 손을 뻗어 올라간 힘이 응축되어 해사하다.

꿈을 꾸지 못하고 애써 꿈을 외면하면서도 가끔 공허하게 꿈을 바라보았다. 목이 말랐다. 갈증에 숨을 쉬기도 힘들어졌을 때, 멈추어버린 배움의 길을 찾아다녔다. 교양 차원의 배움은 늘 허기가 났다. 성에 차는 것은 아니나, 뒤늦게 대학교에 다니며 즐거움도 기쁨도 순간순간 만끽했다. 아쉬움과 후련함으로 하나의 매듭이 지어지고 남아있는 끈이 스물의 모습으로 비친다. 그때는 벽 앞에 주저앉아 있다가 무거운 하늘을 지고 돌아섰었다.

무던히 촉수를 뻗어 기어오르던 벽에 매달린 채 멈추기엔 손끝이 간질거린다. 매듭을 짓고 남은 끈을 자를 수 없다. 대학교를 마쳤지만 여기서 멈추기는 싫다. 아직은 더 배우고 싶다. 아직은 더 공부하고 싶다. 아직은 음지이다. 양지바른 곳에서 햇볕을 맘껏 쬐기 위해서도 아직은 올라야 한다. 식물적인 속성이 내재해 있다면 우람한 교목(喬木)이고 싶지만 튼튼한 줄기를 지니지 못하고 땅에서 허리를 펴지 못한 담쟁이라면 손을 뻗어 벽을 짚고 일어서야 한다. 벽은 불통의 단절이 아닌, 일어날 지지대이다.

  벽은 많았다. 고작 열세 살에 잃은 아버지의 부재는 산 같은 벽이었고, 가족들과의 간신히 이어지는 소통의 곤란함은 어둡고 두꺼운 벽이었고, 여성으로 모성으로의 벽은 철벽같았다. 산은 끝내 넘지 못하고 말 테지만 어두운 벽은 배움으로 넘어가고 철벽은 시간이 동행하며 넘어간다. 만만하게 트인 곳도 없는 삶에서 바닥을 딛고 굴레를 벗고 하늘을 향해 기어 올라가는 담쟁이가 된다. 여성이어서 더 그랬을까? 활동성이 뛰어난 동물적 속성이 부족했다. 그렇다고 뿌리를 내린 곳에서 꼼짝 못하는 식물도 아니다. 뿌리를 가졌지만 양지바른 곳으로 움직이는 담쟁이처럼 능동적으로 식물의 한계를 넘는다. 허름한 담벼락이든, 휘어진 나무이든 오를 일이다. 땅바닥에 누워 버리는 담쟁이는 낭패다. 풀 한 포기로 태어났으면 바람에 흔들리면서도 꽃을 피우고 바람을 별을 노래해야 하지 않겠는가. 나무로 자랐으면 푸른 하늘을 이마에 대고 곧추서서 구름과 새와 이야기해 볼 일이다. 옹색한 곳에 비틀거리는 담쟁이로 났으면 무엇이든 짚고 일어나 해를 향해 나아가야 한다.

벽은 더 이상 벽이 아니다. 담쟁이가 벽을 넘듯 넘어가야 할 길이다. 사람도 뿌리를 지녀 넘어진 곳에서 머문다. 에돌아갔어도 다시 넘어진 곳은 예전에 넘어졌던 벽 앞이다. 가난도 실존의 위태로움도 연약함도 같은 상처에서 만나 덧난다. 넘어진 곳은 무릎이 꺾인 곳이고 벽에 가로막힌 곳이다. 일어서야 할 곳도 그 벽 앞이다. 식물이면서 최고의 운동성을 지닌 덩굴손으로 벽을 거슬러 올라가는 담쟁이처럼 밝은 빛이 비추는 곳이 길이다. 먼저 오른 붉은 담쟁이 잎이 한껏 자유롭게 해맞이를 하고 있다.

(2011년)

걷기 좋은 길

길을 걷다 보면 가로수의 존재감이 철 따라 예사롭지 않다. 가로수에 대한 사색에 젖다 보면 계절이 오고 가는 것이 무겁게 다가온다. 가로수는 생명을 느끼게 하고, 자연에 순응하는 순환을 통해서 사람에게 영감을 주기도 한다.

사람이 걷는 길은 모두 다르다. 그 길을 지켜주는 가로수는 모두 다르다. 나의 길에는 어떤 가로수가 있는가, 내가 사는 길에는 어떤 스승이 있고, 친구가 있고, 동행이 있는가. 삶의 길에서 든든하게 지지해주는 버팀목을 가졌는지를 점검해본다. 가로수는 쓸쓸한 어느 날 밤에 밤하늘을 올려다보는 나의 등을 기대게 하고, 터벅거리며 걷는 발걸음에 가지를 뻗어 그늘을 드리워주고, 비 오는 날에 잠시 비를 피하게 했다. 내가 걷는 길이 숲이 무성한 오솔길인지, 잡목만 드문드문 선 쓸쓸한 길인지, 가로수조차 보기 힘든 황량한 길인지 둘러본다.

  사람이 사는 길도 길이라면 가로수는 무엇이어야 할까? 힘들고 지칠 때, 숱하게 부닥치는 삶의 과업들에 맞닥뜨렸을 때 무엇에 기대고, 무엇으로 이정표를 삼고 걸어가야 할까. 현명한 어른을 가까이 두지 못하고 지혜로운 아버지를 일찍 여의었으니 기댈 무엇이 필요하다. 걸어가는 길을 지켜주고 안내하고 바라보아 줄 든든한 어른이 필요하다. 그리하여 문학이야말로 가로수의 존재감과 걸맞다고 설정한다. 또한 철학이 삶의 길에서 쉼터이거나 지표이거나 위안이 될 수 있겠다고 상정한다. 서툰 초행길에는 멀리서도 바라볼 수 있는 거목인 동서양의 문학과 철학이 위안과 사색과 소요를 위해 있어야 하지 않겠는가. 거목이 빽빽한 가로수를 걸으며 소요할 수 있다면 그 길은 가장 아름다운 길이 될 것이다.

  예로부터 문학과 철학은 큰길을 만들어냈고 무수한 사람들이 푯대를 따라 걸었다. 사회가 복잡해지고 삶의 양식들이 다양해진 세상에는 기존의 길만이 길이 아니다. 새로운 세상에는 새로운 길이 필요하다. 아직 가보지 않은 세상이 다가오고 처음 만나는 세상을 살아간다. 그러니 그 길은 스스로 만들어가는 수밖에 없다. 각자의 길은 스스로의 선택이고 이해이고 해석이고 판단일 수밖에 없다. 사람들이 지닌 삶의 모습이 모두 다른 것처럼 길과 가로수도 다르다. 어떤 이는 가슴속에 희망을 품고 걷고, 어떤 이는 동행을 중시하고 어떤 이는 목적을 중요하게 여기며 걷는다. 나의 길에는 몇 그루의 문학과 몇 그루의 역사와 몇 그루의 철학이 무성하게 잎사귀를 펼치며 자랐다가 미세한 바람에도 수시로 흔들렸는지 모를 일이다.

　길을 걷다 보면 갈림길이 나온다. 그 갈림길에서의 선택은 길을 걷는 각자의 선호와 추구하는 가치에 따라 다르다. 큰 대로와 오솔길, 시장으로 향하는 길과 사색하기 알맞은 길이 갈림길에 간간히 나타난다. 모든 길은 외길이 아니어서 어디에선가 만나고 헤어지는 길목이 있다. 길을 걷다가 만나는 동료 중에는 어쩌다 이 길에서 만났는가 생각이 드는 사람도 있다. 다른 환경에서 다르게 살던 사람들이 공통의 관심과 선택으로 시간과 공간의 제약 속에서의 만남이기에 결코 가볍지 않은 인연이다. 존중하면서 말을 나눠 볼 참이다. 교집합의 크기에 한해서 말이다. 혹여 짐작한 것보다 더 큰 교집합이 있을지도 모를 일이며 말동무라도 된다면 더욱 좋을 것 같다. 지금 길에서 만난 사람은 어느 시점에선가 같은 방향을 선택한 동료이고 마음을 읽어줄 지기이다.

　걷기 좋은 길이 있다. 따뜻한 햇볕이 비추고 철 따라 계절의 변화를 보여주는 풍요한 산책길이 있다. 새들이 와서 쉬며 서로를 부르는 것도 좋다. 꽃들이 차례지어 피면 더욱 좋은 길이다. 동행이 있으면 한결 편안하고 느긋한 길이다. 가끔 바람 한 줄기 머물다 가는 길이다. 맑은 구름이 드리운 길, 그 길에 서고 싶다. 내가 만드는 길과 다른 분들이 만든 길에서의 조우는 나의 가로수를 넓히는 역할을 한다. 빈약한 숲이 아닌 굵고 잔 나무들이 조화를 이룬 숲속 같은 길이 훨씬 아름답다.

철학이 없는 사람은 공허하고, 우연히 본 정신세계가 공허하다면 잠시도 머무를 수 없이 지루하기도 하니 성격이 못된 구석도 만만찮다. 가는 방향이 비슷할 뿐, 혹은 잠시 스쳤을 뿐, 진정한 동행은 구하지 못하고 알아보지 못하고 무심하게 걷는지도 모를 일이다. 혼자만의 사색에 빠져 저만치 홀로 걷고 있는지도 모를 일이다. 아집과 편견과 무지함도 버리고 걷고 싶다. 사물의 한 면만을 보고 전체를 안다고 섣불리 단정하지도 말 일이다. 내가 배치한 가로수와 숲이 아집과 편견과 무지로 인해 빈약하기 그지없다면 그 숲에서 무슨 안식이 있으랴.

가로수는 스승이며 문학이며 역사와 철학이라고 정의를 내린다. 그러자 가로수는 하나하나가 커다란 상징이 되었다. 나무는 가지의 폭만큼 뿌리를 뻗는다고 한다. 나뭇가지의 반경이 좁으면 나무의 높이에 비례해서 뿌리의 깊이가 깊다고 한다.

균형미를 갖춘 메타세쿼이아는 칸트 같고, 서로의 그늘이 닿지 않는 참나무와 삼나무는 칼릴 지브란이다. 또한 바닷가 기암괴석에 기대어 자란 노송은 지눌이 되고, 대문 밖 오동나무는 박지원이 될 성싶다. 진한 향을 품었으나 화담의 매화가 되지 못한 황진이는 홍매화이다. 동네 어귀의 대나무 숲은 니체이고, 부엉이 우는 뒷산 오래된 숲은 헤겔이다. 마을 입구의 풍성한 느티나무는 톨스토이다. 온화한 앞산은 율곡이고 큰 뒷산은 플라톤이고 아리스토텔레스다. 무엇보다도 울창한 편백나무는 아버지와 닮았다. 내가 가는 길이니 내 마음대로 가로수를 놓는다. 나에게 위안을 주는 나무들을 둔다. 나의 가로수

길에는 무슨 나무들이 우뚝 우람하게 솟을까. 어떤 나무들에 기대어 살아갈 힘을 얻게 될까.

  가로수는 향기를 내뿜어 그 길을 따라 걷는 사람에게서도 향기가 베어들 것 같다. 가로수는 굳건한 버팀목이다. 돌부리에 걸리고 제 걸음에 걸려 넘어질 때, 가로수는 단단한 줄기를 내어주고 여린 잎망울로 다독여 준다. 철학과 역사와 문학 사이에서 소요하는 길은 가장 걷기 좋은 길이다. 그 길에 음악을 곁들인다. 음악을 들으며 그 길 어디에선가 쉬다가 걷다가 맴도는 나를 상상한다.

(2010년)

초승달

　은은한 달빛은 마음을 편하게 감싸는 맛이 있다. 집으로 돌아오는 길이 늦어진 어느 저녁에 문득 하늘을 보니 초승달이 유난히 예쁘다. 시름에 겨운 마음이 금시 가벼워지고 좋은 친구를 만나듯 미쁘다. 강한 것보다 연한 부드러움에서 위안을 받기 마련인가 보다. 수수하지만 한껏 달뜬 소녀가 화사하고 세련된 여인보다 더욱 정감을 자아낸다. 오도카니 달빛을 보다 보니 시름이 사라지고 생기가 돈다.
　보름달이 숙연하게 만들고, 모든 것을 밝게 비추는 거울 같은 달이라면 초승달은 빙긋 웃는 달이다. 보름달이 엄숙한 어머니의 달이라면 초승달은 귀엽고 명랑한 아가씨의 달이다. 대낮같이 환하지도 아니하고 칠흑같이 어둡지도 아니한 달밤은 안개처럼 주위를 감싸고돈다.

초승 달빛의 포용력은 별빛을 빛나게 하는 미덕에도 드러난다. 눈부신 해에게 묻힌 별을 다정하게 어깨동무하듯 데리고 나온다. 캄캄한 그믐의 별은 외로워 보인다. 불 없이도 밤길을 갈 보름달에는 별들이 명랑하게 반짝이지 못하다가 초승달의 조명에서는 별빛조차 즐겁게 노는 것 같다.

초승달은 둥글게 웃는 눈썹 같다. 초승달은 살짝 드러낸 하얀 이를 보이며 웃는 입이다. 입 꼬리가 명랑하게 올라간 입술은 절로 웃는다. 해맑은 얼굴 같은 초승달이다. 그 달은 친구 집에 밤마실 가는 고샅길을 비추고 몰래 만나는 연인을 가려줄 달이다. 보름달이 비추는 골목에는 떼를 지어 노는 아이들이 있다면 초승달이 빛나는 어귀에서는 둘만이 속삭이겠다. 처음 떨리는 손을 잡은 밤은 초승달 아래일 것 같고 어깨를 기댄 날도 초승달이라야 운치가 맞겠다.

이태백이 좋아한 달 중에 으뜸이 초승달이리라 짐짓 능친다. 순하게 웃는 달밤에 마음이 먼저 놓여나 취했으리라. 초승달엔 살짝 취기만 오르게 한두 잔만 아껴 마셔도 좋겠다. 달을 바라보고 달이 비친 술잔을 바라보고 혹은 친구의 눈도 보아야 하니 거나하게 취할 일이 아니다. 보름달에는 앞마당을 산책하고 그믐에는 독주를 마셔도 초승달에는 술맛만 봐도 좋으리라. 달만 보아도 저절로 즐거울 것이니 술에 취할 일이 아니다. 입가심으로 족하다. 비틀거리며 걷는 것은 초승달의 웃는 얼굴을 난처하게 한다. 가뿐 마음으로 만나 기꺼이 이별할 일이다. 찜찜함도 남기지 않도록 말도 아낄 요량이다. 초승달이 비추인 강물엔 속 깊이 울려오는 운율이 있어 흘려보낸 시간도 무겁지 않으리라.

초승달은 모든 상상이 허용되는 달이다. 줄리엣이 로미오를 만난 밤에 초승달이 떠서 밤이 더욱 짧았으리라. 춘향이 몽룡을 만난 밤도 초승달이 뜨던 무렵일 것이다. 신윤복은 초승달이 내려다보고 웃는 골목에서 정인(情人)을 만나게 한다. 달빛이 환하게 밝지 않고 한쪽 눈을 감은 듯 침침하게 비춰준다. 너무 어두워 연인의 얼굴을 못 보거나 발길을 더듬거리며 위태로울까 봐 살짝 비춰준다. 신윤복은 초승달이 비추는 밤에 은은한 연정을 즐겨 그렸다. 달과 빛에 대한 안목이 스며있다. 미인도의 눈썹은 영락없이 초승달이다. 작고 도톰한 입술은 그만두고 초승달같이 길고 가는 실눈썹이 웃고 있다. 초승달은 아름다움이고 젊은 생기이며 발랄함이다.

초승달은 이루어진 달이 아니라 이루어가는 달이다. 이제 막 채워가는 걸음이 아름답다. 열대여섯의 푸른 청춘이고 유연한 걸음이다. 보름달은 왠지 숙연해져 엄숙한 어머니 같다. 보름달은 진지하고 공정한 가늠자 같다. 가슴을 꿰뚫어 보는 선선한 빛은 돌이켜 마음을 살피게 한다. 양심이 되살아나는 순간이다. 맑은 거울에 비추어보듯 마음을 달빛에 비추어본다. 그리움과 추억의 달이다. 반달은 왠지 애틋하고 반달이 부풀면 아기를 잉태한 여체처럼 자랑스럽고도 안쓰럽다.

미네르바의 부엉이가 우는 달이 어두운 그믐달이라면 초승달은 앳된 아이가 웃는 달이다. 비감도 없고 회한도 없는 달이다. 초승달 아래에서는 심각한 얘기가 어울리지 않는다. 그저 달빛을 즐기며 달을 바라보다 웃으며 방으로 들어가도 좋은 달이다. 초승달은 뽀얀 살갗을 별빛에 반사하며 일찍 잠들려는 달이다. 초저녁의 달빛에 설레었다가 기쁜 마음으로 돌아오는 달이다. 오래도록 배회하는 달이 아니다.

달빛은 여성스럽다. 파스텔이 번져오는 색감이고 은은한 정감이 있다. 그중에서도 초승달은 가벼운 달이고 들뜬 달이고 즐거운 달이다. 초승달은 감싸주는 달이고 위로하는 달이고 안아주는 달이다. 외로운 사람 누구라도 달빛을 바라보면 편안한 친구를 만나듯 위안을 받는다. 강렬한 도전도 가슴을 후비는 비수 같은 말도 맹렬한 경쟁도 달의 속성이 아니다. 달은 상처 받은 모든 생명을 치료하는 영험이 있다.

강함의 시대에서 부드러움의 시대로 바뀌어 간다. 경쟁이 남성의 틀이라면 공존과 포용은 여성의 틀이다. 너그러움과 부드러움과 이완이 강퍅함과 강함과 수축을 이긴다. 굳은 것은 죽어가고 부드러운 것은 성장한다. 마음이 정신이 굳어 가면 생명력이 스며들 자리가 없다. 부드러운 말과 유연한 마음과 정신이 생기를 낳고 자라게 한다. 마음이 허전한 초순 무렵이면 초승달을 보러 나와야겠다. 고개를 들고 달을 보다가 실눈을 뜨고 웃어도 좋다.

(2011년)

매미를 보내며

 햇빛이 온 땅을 감싸고 고요한 정적에 휩싸이면 시간이 멈춘 것 같다. 숨소리조차 잦아드는 적막을 뚫고 시원한 바람 한 줄기 불어오듯 불현듯 매미가 운다. 가뭄에 소나기 쏟아지듯 한꺼번에 공기를 깨운다. 마른 콩을 타작하듯 요란스럽다. 운동장에서 뛰어놀던 아이들도 사라지고 오가는 사람도 보이지 않아 오로지 고요만이 세상에 가득한 찰나를 깨우는 죽비 같은 소리다. 매미의 요란한 울음소리에 정신이 번쩍 들었다가 어느 순간 스르르 오수에 든다.

 무더워야 할 여름이 비가 잦고 서늘하여 나름 지낼만했다. 백중이 지나 벼의 낟알이 채워질 무렵, 햇볕이 모자라 벼가 여물지 못하면 큰일이다 싶었다. 이삭이 쭉정이가 되지 않으려면 여물어갈 때 햇볕이 뜨겁게 내리 비추어야 한다. 25℃가 넘어야 우는 매미처럼 벼의 낟알은 뜨거운 햇볕을 받아야 여문다.

유월 유두의 한낮도 칠월 백중의 해거름에도 매미가 노래한다. 벼가 자라고 꽃이 피고 낟알이 영글어 갈 때까지 매미가 함께 한다. 벼가 여무는 시기와 매미가 우는 시기가 같다는 데에 생각이 이르자, 매미소리가 즐겁게 들렸다. 매미의 소음보다 벼가 익어가는 게 더 중요하니 기꺼이 감내해야 하지 않겠는가. 낟이삭이 여물고 곡식이 영글어가는 데 매미소리 없이 가능한 일인가.

느티나무 줄기와 잎에 앉은 매미를 보고 있노라면 어둔 빛깔이 눈에 잘 띄지도 않지만 좀체 꼼짝을 않는다. 매미는 무얼 먹고 사는지 궁금했다. 꼼짝없이 줄기에 가지에 잎에 매달려 있으니 어디로 먹이를 찾아다니는지 알 수 없다. 이슬을 먹고 사는지도 모른다고 생각했다. 이슬만 먹고 산다면 어둔 빛깔에 어울리지 않는다고 고개를 저어 보기도 했다. 이슬만 먹을라치면 이슬이 햇살에 비추어 무지개 같은 날개를 펼치고 가벼운 몸으로 사뿐히 날아야 하지 않느냐 말이다. 칙칙한 빛깔도 호감이 아니지만 뭉툭하고 통통한 생김새로는 도무지 이슬 먹고사는 곤충이 아닌 것이다.

찾아보았더니 매미는 나무의 맑은 물만 먹고 산단다. 애벌레 때부터 성충이 될 때까지 오로지 나무의 뿌리와 줄기에서 수액만 먹는단다. 이슬을 먹고사는 것 이상으로 깨끗한 식성이다. 꼼짝없이 나무줄기에 매달려 고개를 숙이고 있는 까닭이 먹고사는 일 때문이라니…. 일생 맑은 수액만 먹기에 굳이 화려한 겉모습이 필요치 않을뿐더러 화려한 외양으로 자칫 새의 눈에 띄면 곤란하다. 주어진 삶을 청빈하게 맑게 살면 그뿐, 낭창낭창 누군가에게 기대어 요사를 떨 필요가 없다. 물통이처럼 뚝뚝한 매미는 면벽수행(面壁修行) 하는 수도승 같다. 참선의 대가다. 암컷은 묵언수행(黙言修行)도 마다하지 않는다. 생명이란 겉보기와 많이 다르다. 겉으로 보이는 것이 전부가 아니다.

나는 어디에 기대어 사는지 둘러보았다. 못생기고 뭉툭한 곤충마저 맑은 삶을 살고 있잖은가. 매미에게 나무가 삶의 지지대였듯 나에게 삶의 지지대가 무엇이란 말인가.

아무래도 내 삶의 주춧돌은 책이다. 기대어도 파묻혀도 든든하고 안심할 유일한 길이 책이다. 언제 어떤 상황에서도 편안할 때는 책을 볼 때다.

길은 가는 대로 생긴다. 공부도 삶도 어느 날 문득 다가오고 이루어지는 것이 아니라 끝없는 걸음이고 연결이다.

책을 살 수 있을 때부터 공간의 절반은 책이 자리했다. 다니던 이삿짐의 절반은 책이 될 성싶다. 어떠한 것도, 아무것도 할 수 없을 때조차 책은 기꺼이 받아주었다. 꼼짝 못하고 있을 때도 책은 열려있었다. 단지 집중하여 책을 읽노라면 책은 무한한 포용력으로 안아준다. 사는 것은 뜻대로 되지 않아 때때로 암초를 만나고 갑작스러운 풍파도 만난다. 강인한 돌파력을 지니지 못한 탓이겠지만 늘 책에서 휴식한다. 책을 읽는 동안 해결되지 않는 문제에서 비껴나 시간을 보낸다. 언제 어떤 시간도 결국은 지나가기 마련이다. 즐거운 시간도 맘 아픈 때도 지나고 나면 평면의 그림처럼 밋밋해지리니 견디고 볼 일이다. 견디되 무턱대고 시간을 보낼 일이 아니다. 책을 읽노라면 사람에게서 받지 못할 위안이 있다. 무던한 친구 같은 미쁜 구석이 있다. 문을 열어 둔 도서관이 여럿이다. 내 삶의 양식이 떨어질 날은 오지 않을 것이다. 나무는 매미에게 수액을 나눠줘도 마르지 않을 샘물 같은 생명이 있다. 한 마리의 매미가 물을 얻어 마시듯 나는 책에 의지하며 살 목숨이다.

암매미의 묵언수행이 하안거에 든 선승처럼 담담하기 이를 데 없다. 내 삶도 묵묵히 견디는 일이 태반이다. 벚나무나 삼나무에 기댄 매미의 맑은 식성과 습성이 담백하여 좋다. 화사하지 않는 날개로 매미는 하릴없이 날지 않는다. 몸을 감추고 소리마저 감춘 암매미의 욕심 없는 삶이 정숙하다. 요란하게 노래하던 매미소리도 잦아들어간다. 말없이 돌아가는 매미를 묵묵히 배웅하며 책을 꺼내 들고 앉는다. 가을이 다가오는지 하늘이 높다.

(2011년)

대나무 숲 같은 사회를 꿈꾸며

아이가 며칠 앓았다. 열이 자꾸 올라 얼굴이 벌겋다. 손발은 차가운데 열이 오른 이마는 불덩이다. 한사코 이불을 끌어당기는 손이 창백하다. 몸은 뜨거운데 한기는 아이를 붙들고 있다. 아이는 혼자만이 느낄 수 있는 아픔에 휩싸여 있다. 아이는 혼자다.

면역력이 약했던 나는 오래전 뇌수막염을 앓았었다. 감기인 줄 알고 견딘 것이기도 하지만, 참는 게 특기나 되는 양 집에서 이틀을 더 앓았다. 쉼 없는 두통이 출산 시의 통증보다 더한 통증이라고 느껴질 때에야 병원에 갔다. 링거를 맞자마자 지독하던 통증은 다소 가라앉았다. 미련스럽게 이삼일을 집에서 앓으며 버틸게 뭔지…. 정맥주사마저 다 맞지 못하고 링거를 들고 집으로 돌아왔다. 아이들이 어린이집에서 돌아오기 전에 집으로 돌아가려는 것이었지만 아픈 몸은 온전히 혼자였다.

누구든지 한 번쯤 아프고 아픈 사람은 철저하게 개별적인 존재가 된다. 세상은 평화롭고 늘 있던 그대로인데 아픈 몸은 세상과 격리된다. 시간은 느리게 흐르고 눈에 보이지 않는 막이 쳐지는 듯 혼자만의 세계에 속한다. 몸이 아플 때 사람은 스스로가 얼마나 연약한 존재인지 깨닫는다. 일어나 앉는 일도, 걷는 일도, 밥 먹는 일도 힘에 겨워 식은땀을 흘린다. 아무렇지도 않던 일상이 아득해진다.

무한의 경쟁사회에서, 탁월함이나 수월성을 미덕으로 여기는 사회에서 탁월하지 않거나 우수하지 않은 다수의 사람들은 소외된다. 개인은 둥둥 떠다니는 섬이다. 자본은 침몰하는 난파선 같은 위기 사회에서 구명보트가 되고 잔잔한 바다에서는 유람선이 된다. 유람선에는 고상한 여유를 즐기는 소수가 있고 구명보트에 오르지 못하는 개인은 가라앉거나 작은 섬으로 남는다. 자본은 덩어리지고 뭉쳐 다니며 폭력적인 힘을 행사한다. 개인은 움츠러든다.

따뜻한 남쪽의 마을 어귀에 대나무 숲이 있다. 집 뒤꼍에도 대나무 숲이 있다. 푸르고 빽빽하여 울창한 대나무 숲은 참새들의 놀이터가 되고 닭들의 식탁이 되며 여름 한낮의 쉼터가 된다.

대나무는 홀로 자라지 않는다. 대나무는 다른 대나무와 나란히 자라고 다른 대나무에 곁을 준다. 고개를 나란히 들고 햇볕을 쬐고 어깨를 비비며 수다도 떤다. 대나무 숲에는 점잖은 청자(聽子)는 있을지언정 외면당하는 이웃은 없다. 대나무 숲은 원시의 공동체처럼 서로가 서로를 지탱해준다. 대나무들은 땅 속 줄기로 촘촘히 얽혀 서로를 지지해준다. 하나의 뿌리로 위태롭게 서 있는 생명이 아니다. 연약한 뿌리로는 비바람을 견딜 수 없었던지 땅 속에서 단단한 줄기로 서로를 잇는다. 촘촘하게 엮어진 땅속줄기는 단단한 뿌리가 되고 버팀목이 된다.

햇볕이 따스한 오월의 어느 날에 대나무 숲은 오동통한 죽순을 밀어 올린다. 죽순이 올라오면 대나무 숲은 다 같이 죽순을 키운다. 죽순은 어느 누구의 소유도 아니며 어느 누구의 책임도 아니다. 죽순은 공동체의 새로운 생명일 뿐이다. 어미 혼자서 새끼를 키우는 짐승의 세계가 아니다. 맹렬하게 먹이를 쟁탈하는 동물들의 세계도 아니다. 내 자식만 위하고 내 가족만 잘 살면 되는 사람들의 세계도 아니다. 대나무는 온 숲이 모여 새로운 생명을 키운다. 대나무 숲은 고르게 공유할 뿐이므로 개인주의나 이기주의는 들어설 자리가 없다. 빽빽하게 땅속줄기를 뻗어 다른 식물들에게 자리를 내주지 않을지언정 산죽은 또 그들끼리 다정하게 모여 산다.

대나무 숲은 민주주의가 꽃 피는 곳이다. 어린 죽순도 달포면 부쩍 키가 자라 나란히 햇빛을 받는다. 대나무의 우두머리가 명령하는 것도 아니고 힘센 몇몇이 숲의 운명을 농락하지도 않는다. 다만 가지런히 햇빛을 흠뻑 받아 서로의 혈관 같은 땅속줄기에 힘을 모은다. 어린순은 빨리 자라 가지를 뻗고 기성의 대나무는 어린 대나무의 영역을 침범하지 않는다. 기성세대가 더 넓은 땅을 차지하지 않는다. 몸통을 불리지 않는 미덕이 빛을 발한다. 키를 더 자라게 하지 않고 몸통을 더 살찌우지 않는 절제의 미는 대나무 숲의 공존에 대한 비밀 같다. 어린 존재나 약한 존재도 똑같은 하나의 공간을 차지하고 있다. 움츠러드는 생명도 없고 야위어가는 존재도 없다. 누가 더 많은 햇빛을 보고 누가 더 많은 영양분을 소비하지도 않는다. 예외라면 갓 자란 죽순이 부쩍 자라는 따뜻한 봄의 어느 날이 있을 따름이다. 기성세대의 불공평한 분배가 아닌 차세대에 대한 배려가 있을 따름이다. 기성세대는 다만 더욱더 단단해질 뿐이다.

대나무 숲 전체는 하나의 생명체이다. 죽순 몇 개 꺾어가고 대나무 몇 그루 베어 가도 대나무 숲은 스스로 치유한다. 빈 공간은 곧 채워진다. 욕심부리지 않고 땅과 하늘의 기운을 사이좋게 나누며 공동체의 생명을 이어간다. 잘난 부모 덕분에 유람선에 무임승차하지도 않고 잘난 자식 내세워 목에 힘주지 않으며 모두가 자신의 몸통만큼만 산다. 남의 자리를 침범하지 않고 탐하지 않으며 산다. 사회는 안전하며 공평하다. 대나무와 대나무 사이에 무한 경쟁이란 없다. 대나무는 서로 연대한다. 대나무는 스스로 우뚝 서서 살며 여름밤의 태풍도 겨울에 휘몰아치는 눈보라도 함께 모여 이기며 산다. 대나무 숲의 연대는 땅이 갈라지는 지진 같은 충격에도 끄떡하지 않는다. 언덕은 평온하고 뒤란은 단단하므로 집은 안전하다.

대나무 숲 같은 크고 작은 단위의 공동체가 군데군데 있으면 좋겠다. 누구든 원한다면 공동체에 들어갈 수 있고 한 무리를 지어 오순도순 살 수 있으면 좋겠다. 홀로 떠 있는 섬들이 모여 하나의 덩어리를 이루고 평화롭게 공존하면 좋겠다. 아이에게도 어른에게도 대나무 숲 같은 연대가 필요하다. 푸른 대나무 숲이 둥글둥글 모여 하늘거린다.

(2012년)

바람

바람이 분다. 시간이 느리게 흘러가는 무심한 사방의 벽 안으로 바람이 분다. 풀리지 않는 실타래와 씨름하다가 밀쳐놓은 듯 고요만이 무겁게 가라앉은 공간으로 바람이 분다. 갑갑한 내부의 지속적인 팽창, 달궈진 공기가 팽팽해지며 공간을 지배할 때 홀연 불어오는 바람은 자유를 허락한다.

바람이 분다. 이른 아침의 정적과 한낮의 투명한 햇살을 뚫고 바람이 분다. 늦은 가을 찬바람의 날카로운 경고처럼, 따뜻한 대지의 입김을 살포시 불어대는 봄의 아찔한 유혹처럼 바람이 분다. 고이고 멈춘 것에 대한 충고처럼 공기들의 군무는 여름 한낮의 침잠을 밀어낸다.

홀로 길을 갈 때 문득 불어오는 바람은 타인에게서 느낄 수 없는 어루만짐으로 온다. 부드러운 바람이 상념의 강을 가로

질러 와서 씽그레 웃는다. 너무 심각할 일도, 반드시 이러저러할 일도 없는 거 아니냐는 듯 씽끗거린다. 바람이 누구에겐들 아니 가고 무슨 일이든 아니 보았으랴만 모든 때는 지나가고 모든 일도 지나가기 마련인 걸 바람보다 잘 알 이 누구인가. 말 못하는 눈물도 닦아주고 휘어진 등도 토닥거리고 축 늘어진 어깨도 감싸고 푸석한 머릿결을 날려 쉬어가라고 속삭인다. 엉기기 쉬운 사람이 주는 위안보다 매이지 않는 바람이 주는 위안이 더 편안하다. 아무 이유 없이 아무런 설명 없이 감싸고 어루만짐 자체로 위안을 주는 바람은 강력한 치유제다.

바람은 눈에 보이지 않는 것에 대한 앎의 가능성을 열어준다. 바람은 공기의 존재를 느끼게 하며 그로 인해 미지의 호기심으로 이끄는 발판이 된다. 인식은 확장되며 앎의 개방성은 곳곳에 탐구의 즐거움을 예비하고 있다. 눈에 보이는 것도 잘 알지 못해서 헤매기도 하지만 눈에 보이는 것이 다가 아님을 가장 명확히 느끼게 하는 것은 아무래도 바람이다. 사물의 세계를 비가시적인 영역으로 이끌고 관념의 공간을 확보하는 또렷한 행위도 바람이 단초가 된다. 바람이 불 때 바람 너머의 세계는 무한한 가능성을 상상하게 한다.

바람은 산등성이를 넘고 협곡을 거슬러 오르며 새들보다 높이 날고 먼 하늘을 간다. 높다란 굴뚝을 넘고 시궁창도 건너고 삶의 현장에서 흘리는 굵은 땀도 닦는다. 바람은 거침없이 불다가 벽을 만나면 돌아갈 줄도 넘어갈 줄도 안다. 바람은 가리지 않고 흐르며 붙들지 않고 놓는다. 자취도 없이 흩어지기도 하고 문득 일어나기도 한다. 바람은 그물에도 걸리지 않고 나뭇가지에도 잡히지 않는다. 작고 여린 꽃망울과 강아지풀의 살랑거리는 몸짓에도 가볍게 인사를 건넬 따름이다. 놀이터의 아이에게도 들녘의 할아버지에게도 풀을 뜯는 염소들에게도 바람은 가리지 않고 다닌다. 자유스러움의 극치에 바람이 있다. 그 어떤 것도 바람보다 자유롭다고 말할 수 없다. 오고가는 길이, 멈춤이, 존재하다가 사라짐이 바람보다 자유롭지 않다. 누구나 한 번쯤 바람이고 싶다.

일상의 틈으로 부는 바람은 삶의 청량제이다. 익숙한 틀과 오래된 그러면서도 강력한 영향력을 발휘하는 전통과 일상의 짜임에 맞춰진 삶의 가운데로 불어오는 바람은 정신을 환기시킨다. 삶의 궁극적인 목적조차 모호해지고 행여 방향감각을 상실한 채 배회한다면 시원한 바람처럼 환기가 필요하다. 삶의 목적은 스스로 오랜 시간에 걸쳐 찾아가고 선택하지만 때때로 목적은 희미해진다. 오히려 수단이었던 과제가 단기 목표란 이름으로 목적인양 대치된다. 혹은 나른하고 단조로운 시간 죽이기를 하고 있다면 시원한 바람처럼 환기는 불가피하다.

명함이 한 사람의 정체를 온전히 규정할 수 없고 일생을 설명하지 못한다. 사회적인 성공이나 직업의 성취가 반드시 좋은 삶을 보장하지도 않는다. 빈틈없이 사방이 막힌 방에서 공기의 순환이 멈추듯 빈틈없는 삶도 가능하지 않다. 열린 틈으로 바람이 불어 공기가 순환하듯 삶의 여백에서도 바람이 불어 여유를 가지면 좋겠다. 흥미 있는 배움이든 익살 섞인 활동이든 재미있는 취미이든 바람구멍 하나쯤 있었으면 싶다. 오로지 한길만 있는 고속도로보다 샛길도 오솔길도 있는 길에서 감각은 민감하게 살아난다.

  때로 바람은 거칠고 맹렬하다. 바다를 뒤엎고 나무의 뿌리를 뽑고 울타리를 날려버린다. 더워진 공기가 지나치게 많아서 예기치 않게 커진 바람은 회오리바람을 일으키고 태풍이 되기도 한다. 막혀있던 시간의 축적만큼 정체된 억압의 강도만큼 커진 바람은 거칠게 삶을 휩쓸기도 한다. 폭풍전야의 고요처럼 정적이 흐르던 길 위에서 실존이 휘청거릴 만큼의 바람이 불기도 한다. 그리하여 평화로운 일상에서 날카로운 바람을 맞기도 하고 살갗에 소름이 돋는 섬뜩한 한기를 느끼기도 한다. 바람 앞에서 옷깃을 여미고 상념에 젖기도 하고 사람의 온기를 소중하게 여기기도 한다. 큰 바람은 역사에서도 삶에서도 불가피한 측면이 있다. 패러다임의 변화나 국면의 전환에서는 큰바람이 불었고 삶의 전환에서도 강력한 바람이 삶의 방향을 바꾸기도 한다.

  신선한 공기의 유입이 막힌 삶은 무겁게 가라앉는다. 사람이 스스로 가둘지언정 자연은 사면을 모두 막지 않는다. 창을 닫고 바람구멍을 막고 지내다가도 원하면 언제든 창을 시원스레 열 수 있다. 열린 창으로 자유로운 바람이 드나든다.

(2012년)

완장

 명백히 하수상한 세월이 있고 정의와 정의롭지 못함이 도치된 것 같은 영 개운치 않은 시절이 있다. 정의를 사랑하는 사람은 불의에 눈 감지 못한다. 정의를 사랑하는 만큼 정의롭지 못함을 거부하고 미워한다.
 사회성은 종종 왜곡된다. 좋은 게 좋다고 한다. 옳고 그름보다 공사 구별 없이 어울려 노는 것을 사회성이 좋은 것이라고 믿는 사람들도 많다. 도덕성이 사회성의 반대편에 있는 것 같이 취급되곤 한다. 도덕적이지 않는 권력과 불법을 아무렇지 않게 여기며 사교로 뭉치거나 사적 인연으로 뭉치는 집단에서 더욱 그러하다. 경계를 무시하고 선을 넘고 친밀감으로 질서를 유린한다.
 완장은 공식적인 질서를 파괴한다. 공식적인 권한은 굳이 완장을 필요로 하지 않는다. 공식적인 질서가 유지되는 곳에서는 완장이 설 자리가 없다. 완장을 찬 사람은 의례 공식적인 권한이 없거나 권한이 있어도 아주 미미하고 미약한 자다. 정당한 절차로 권력을 가질 수 없는 자가 완장을 탐한다. 옳지 않거나 약점이 있는 사람이 완장을 탐한다.

완장을 찬 이들은 권력에 기대어 있기 때문에 거침없고 무지하며 염치나 도덕 따위는 염두에 두지 않는다. 자기에게 없는 권한을 행사하고 싶은 자는 어떻게든 기회를 틈타 권력자의 눈에 들기를 소망한다. 그들은 눈치가 유난히 빠르므로 윗사람의 비위를 맞추며 권력자의 약점을 파고 들어가 편애를 등에 업고 드디어 완장을 꿰차기에 이른다. 완장을 찬 이들은 그저 생애 처음인 권력을 등에 업은 현재가 영원히 지속될 줄 알거나 혹은 완장이 오래갈 수 없다는 것을 아는 까닭에 그 권력에 도취된 순간 에너지가 넘치도록 충만하다. 그리하여 그들의 목소리는 누구보다 크며 자신의 힘을 과시할 수 있는 자리는 어디든 마다하지 않는다.

나라든 가정이든 직장이든 기관이든 정의를 잃은 집단에는 여지없이 완장이 있다.

가정에서의 완장은 부모의 편애를 믿고 형제를 핍박하고 가른다. 어머니든 아버지든 정의롭지 못한 사고를 지닌 사람은 자녀 중 어느 하나에게 부모의 권한을 나누어주고 부모 노릇을 등한시한다. 부모의 편애를 등에 업고 완장을 차면 그 가정은 암흑 속에 던져진다.

가정에서의 완장은 한 가정을 파괴하지만 공적인 분야에서의 완장은 그 폐해가 상당히 클 수밖에 없다. 정부기관이나 교육기관이나 기관은 본래의 취지가 정의를 추구해야 하는 곳이다. 자격을 갖춘 사람이 공적인 활동을 하며 상당한 영향력을 행사할 수 있는 곳이 공적인 영역이다. 공적 분야에 완장을 차는 사람이 등장했다는 것은 정의가 무시되고 사적 영역으로 둔갑했다는 의미다. 공사 구별 없이 뒤엉킨 장에서는 완장을 차는 자가 여지없이 똬리를 틀고 있다.

상식이 더 이상 상식으로 통하지 않는 혼돈 속에 완장이 등장한다. 상식이 파괴된 자리에 완장을 차는 자들이 출현한다. 완장에는 의리도 철학도 없다. 완장을 주는 사람과 완장을 차는 사람은 오로지 자신의 필요를 충당할 뿐이다. 완장을 주는 사람은 무능하기 때문에 자신의 무능이 드러나게 할 유능한 사람을 쓸 수 없을 뿐만 아니라 자신의 힘을 떠받쳐줄 약점 있는 똘마니가 필요하다. 완장을 차는 사람은 정당한 방법과 절차를 통해서는 그 자리를 취할 수 없기 때문에 뻔뻔함으로 권력의 찌꺼기를 얻는다. 완장을 찬 사람이 정당한 방법으로 권한을 가질 수 있으리라고 꿈인들 꾸어봤을까. 그런 불가능한 현실을 실현시켜준 권력자를 적절하게 이용하는 것이 완장을 차는 자들의 속성이다.

완장은 문외한이나 선무당이 찬다. 완장을 찬 사람은 자격을 갖추지 않았거나 턱없이 미비하기 때문에 정의를 추구하는 사람을 경계하고 백안시한다. 진리를 알고 있는 사람들을 핍박하고 괴변으로 능멸하거나 타인들의 권리를 아무렇지도 않게 짓밟고 희롱한다. 아마추어나 문외한이 적반하장으로 완장에 의존하여 전문가를 멸시하려 든다. 선무당이 사람 잡는다는 말처럼 완장을 찬 문외한은 언행에 대한 책임을 지지 않는다. 자신이 아마추어이거나 문외한이라는 것을 인정하지 않을 뿐 아니라 오히려 전문가인 냥 그럴싸하게 미화하고 포장한다. 그러다가 문외한이라는 것이 드러날 상황이 닥치면 모르쇠 하며 딴청을 피운다.

완장을 채워 준 사람도 본인의 의사와 상관없이 정의를 훼손하는 사람이다. 완장을 채워주기를 즐겨하는 권력자는 대개 어리석고 잔인하고 무능하기 마련이다. 어리석은 권력자는 어리석음을 감추기 위해 약점이 있는 사람에게 완장을 채워 권한을 부여하여 조직의 질서를 흩트리거나 파괴함으로써 그 조직을 장악한다. 잔인하고 무능한 지도자는 부정한 이들에게 완장을 채워 줌으로써 정의를 억압한다. 이 승만은 친일파를 척결하기는커녕 완장을 채워 힘을 실어 줌으로써 독립운동 세력과 상식을 가진 시민들을 조롱했다. 일제의 앞잡이였던 형사와 일제시대 당시 경찰에게 질서를 유지할 책임을 주어 독립운동가들을 반공 척결이라는 올가미를 씌워 잡았으며, 서북청년단에게 권한을 주어 상식적인 사회주의자들이나 일반시민들을 무참히 도륙하도록 방치했다. 박 정희는 군인들에게 완장을 주어 민주주의를 바라는 시민들을 겁박하였다. 경제인에게 이권을 줌으로써 철저한 한 편이 되어 경제적 잘삶만이

지상과제인 것처럼 포장하였으나 실은 노동자를 착취하는 구조를 만든 것이다. 또한 각종 긴급조치로 민주주의를 갈망하는 상식 있는 시민들을 잡아 가뒀으며 본보기로 죽이기를 망설이지 않았다. 부도덕한 정치인과 사업가는 깡패나 무지막지한 잡배에게 완장을 채웠고 실력이 부족한 사람은 어리석은 하수에게 완장을 채워 멀쩡한 사람을 욕보인다.

어느 집단이건 완장을 차는 사람들이 득세를 하면 정의와 불의는 도치될 수밖에 없다. 이 땅에서는 한 번도 완장 두른 자들을 역사와 정의의 심판대에 세워 본 적조차 없다. 완장을 차는 자들의 속성은 언제나 새로운 힘을 가진 사람이 나타나면 새로운 힘에 의존하여 새로운 띠를 두르며 다시 완장을 찬다는 데에 있다. 친일파가 친미파로 순식간에 둔갑했듯. 그들의 권력추구와 생존본능의 위력은 강력하다. 권력을 등에 업고 약은 재주를 부리며 강자에게 약하고 약자에게 강하며 권력을 향유하고자 기를 쓴다. 권력자에 기대어 즐거움을 추구하고 힘을 추구하는 것이 그들 완장 두른 자들의 생리이다.

완장을 찬 이들이 사회에 더러 있다. 완장을 찬 이들이 득세한다는 것은 그곳이 편안하지 않고 정의가 작동되지 않는 유감스러운 곳이라는 반증이다. 어떤 집단에서 완장을 차고 행세하는 사람이 나타나면 그 집단은 정의를 잃는다. 권력자가 완장을 채워주었든, 권력자의 눈에 들고자 혹은 권력자의 편애를 믿고 스스로 완장을 찼든 상관없이 정당하지 못한 힘을 행사하는 사람이 있다는 것은 그 집단이 정의롭지 못하다는 척도가 된다.

  공적 영역 곳곳에 자격 없고 미미한 자들이 권한이 있는 사람의 총애와 편애를 업고 거들먹거리며 기세등등하다. 언제까지 두고 볼 것인가. 공적 영역 어딘가에는 정의를 추구하며 절차적 정의와 목적적 정의를 지키려는 사람이 있을 거라는 희망을 놓을 수 없다. 정의를 사랑하는 만큼 불의한 사람이 싫다.

(2014년)

심플(Simple)-기생충을 보고

심플한 사람이 있다. 생각이나 계산이 복잡하지 않고 남을 모략하거나 곤경에 빠뜨리는 고약한 일은 결코 하지 않는 사람. 늘 즐겁고 유쾌하고 여유만만하고 해맑은 사람. 매너가 좋아 같이 있어도 좋은 사람, 사람은 좋은 것 같은데 깊이는 잘 느껴지지 않는 사람. 딱히 나쁜 사람은 아닌데, 그렇다고 좋은 사람이라고 할 수도 없는 사람. 그런 심플한 사람들이 있다.

심플한 사람은 꼬인데 없이 순수하고 착하다는 인상을 준다. 늘 즐거움과 놀라움과 기쁨을 예비하고 언제든 자유로운 삶을 가볍게 누린다. 사람이나 사회를 깊이 있게 알려고 하지 않는다. 사회의 다층적인 본질과 다양하고 복잡한 현상에는 관심이 적다. 어떤 개인이나 사회적 상황에 대해 굳이 더 알려고 하지 않는다. 국가가 사회가 가정이 개인이 어떤 곤경 속에 있건 알지 못한다. 심플하다는 것은 그냥 단순하다는 의미다. 그냥 자신이 편안하면 그만이고 더 나아가 자신이 속한 가정이 잘 돌아가면 더할 나위 없이 좋다.

숱한 의심으로 배배 꼬인 사람이 워낙 많고 그들이 끼친 폐해도 상당하다. 절차적 정의도 결과적 정의도 온전한 정의가 아니었던 나라에서 득세한 사람들은 그리 심플한 사람들이 아니다. 공동체가 느슨해지고 각자 자기의 삶을 도모하기 위해 안간힘을 쓰는 지경이라 심플한 사람 자체도 그리 흔한 세상이 아니다. 그래서인지 심플한 것만으로도 긍정적인 평가를 받기도 한다.

그러나 별생각 없이 심플한 사람은 불편하다. 먹고살기 위해 아등바등하는 서민보다 그럴싸하게 살면서 한없이 가볍고 얕은 심플한 사람이 불편하다. 심플한 사람의 두드러진 특성은 사회에 관심이 없다는 것이다. 사회적 약자들이 공존하는 사회와 사회적 정의에 대한 인식이 빈약하다. 이웃의 재앙이나 사회적 약자의 곤란함에 관심이 없다. 오로지 소비한다. 스스로의 손으로는 무엇 하나 만들어내지 못하면서.

『미움받을 용기』로 널리 알려진 아들러는 '건강한 사람은 사회적 관심이 높고, 용기를 잃지 않고 그리고 상식에 맞춰 생활한다.'고 하였다. 사회적 관심이 낮고 용기를 잃고 상식에 맞춰 생활하지 못하면 건강한 개인이라고 하기 어렵다는 얘기이다. 사회적 관심은 아들러가 애써 강조한 덕목이다. 여담이지만 아들러는 결코 미움받을 용기를 가지라고 한 바 없다. 아들러는 남에게 미움받을 일을 뻔뻔하게 용기를 내어 하라고 한 바 없다. 아들러를 추앙한 일본 작가가 독자를 끌어당길 제목으로 붙인 것일 뿐. 미움받을 용기는 가당찮다. 아들러는 『불완전할 용기』를 주장하였다. 완전하지 못함을 받아들이고 '실패를 무릅쓰고 시도할 용기와 틀림을 입증할 용기'가 아들러가 힘주어 강조한 용기다.

아들러가 말한 사회에 대한 관심은 결국 같이 살아가는 사람에 대한 관심이다. 같은 하늘 아래 같은 시간을 공유하는 사람에 대한 관심, 이웃에 대한 관심, 특히 어려운 사람들에 대한 관심, 절차적 정의와 결과적 정의에 대한 관심, 보편적 인권에 대한 관심이 사회에 대한 관심이며 건강한 정신의 척도다. 사회적 관심을 가지면 사람을 도구나 수단으로 쓰지 않는다. 사람을 사람으로 존중한다. 사람을 사람으로 존중하는 것이야말로 심플함을 넘어서는 인품이다. 심플함에는 어떤 인품이 느껴지지 않는다. 사회적 관심이 적다는 것만으로도 충분히 매력이 반감된다.

부잣집 여주인은 귀한 아들의 생일잔치를 완성하기 위하여 여러모로 구색을 갖춘 근사한 파티를 연다. 파티를 위해 어떤 양해도 구하지 않고 역할을 요구하고 비용을 지불하겠노라고 한다. 자본이 행세하는 시대이니 그럴 수 있다 치자. 별일 없었다면. 큰 비 때문에 캠핑도 못하고 돌아왔고 물난리가 나서 이재민이 다수 발생한 뒷날이 아니었다면 그럴 수 있다 치자. 심플한 여주인은 사회적인 관심이 없었기에 난리가 난 것은 아랑곳하지 않았다. 심플한 그녀는 다른 사회 구성원들의 아픔에 대해 무지함을 보였다. 괜히 심플하다고 한 것이 아니다. 심플이라는 단어에는 단순하고 순진함, 천진함과 바보, 무지와 속기 쉽고 속이기 쉬운 등등의 뜻이 있다. 심플하다는 말로 부를 수밖에….

딱히 누구를 해코지하지 않고 남의 것을 부당하게 탐내지 않고 자신에게 주어진 것만으로 산다고 해서 잘 사는 삶이라고 할 수 없다. 사회적 관심이 없는 사람, 자기밖에 모르는 이기적이고 단순한 사람, 자신의 육체와 자신의 이성적 한계에 매몰된 사람, 자신의 문제에만 빠져 현미경처럼 들여다보는 사람, 자신의 문제만 확대해서 다른 사람들은 보이지 않는 사람도 건강할 수 없다. 아들러에 의하면 사회적 관심이 줄어드는 것은 건강하지 않다는 지표다. 나만 잘 사는 사회는 좋은 사회가 아니다. 내 자식만 키우는 사회가 좋은 사회일 리 없다. 되도록 더 많은 사람들을 생각하고, 할 수 있는 만큼의 참여를 해야 좋은 사회가 만들어진다. 상식에 미치지 않는 행위는 삼가는 사람들이 더불어 살아가는 건강한 사회 구성원이다. 농촌 사회는 심플할 수 없는 사회였다. 마을은 하나의 공동체로 살아있었다. 공동체가 느슨해진 사회야말로 사회적 관심이 요구된다.

바로 옆에서, 우리 사회에서 어떤 일이 일어나는지는 알고 살아야 한다. 할 수 있으면 미미한 힘이라도 보태며 살아야 한다. 약자들을 위해 목소리를 내고 연대하며 사회적 정의에 관심이 있어야 한다. 세상이 심플하지 않은데 저 홀로 심플해서 어쩌자는 것인가.

(2019년)

맹목(盲目)-율곡으로 맹목을 꾸짖다.

맹목에 빠지는 것은

앞뒤를 가리지 못하고 사리분별이 안 되어 상황을 판단하지 못하는 것이 맹목(盲目)이다. 눈이 있지만 무언가에 가려져 망했다. 하나의 눈이 망하여 편협한 눈으로 대상을 본다. 맹목에 빠지면 어떤 허물도 보지 못하고 옳고 그름에 대한 사리분별이 안 된다. 맹목적인 사랑이나 맹목적인 추종이나 맹목적인 신념은 자신과 주변을 병들게 한다. 맹목에 빠진 사람은 대체로 자신이 겪은 것만 알거나 혹은 들은 것을 안다고 여기거나, 또는 하나의 사상이나 신념만을 옳다고 여긴다. 맹목적으로 누군가를 따르고 맹목적으로 무언가를 쫓는다. 그들은 자신이 겪은 삶만 안다. 동시대의 다른 사람들이 겪은 삶에 대해서는 귀 기울일 줄 모른다. 다른 사람의 말을 들어도 한쪽 말만 듣는다. 한쪽 말만 듣고 안다고 하면 얼마나 비합리적이고 폭력적인 앎인가. 자신이 가진 사상과 종교 혹은 신념만을 높이 쳐들고 오로지 하나의 진리인 냥 혹세무민하는 것은 얼마나 볼썽사나운가.

우리 근현대사는 조선이 망하고 일본의 점령기와 광복과 전쟁과 독재와 민주주의를 향한 여정이 길고 험난하고 복잡했다. 나라가 왜에게 망하며 성리학이 명맥을 잇기 어려울 만큼 휘청하는 사이, 기독교가 들어와 정착했다. 유교의 큰 틀은 뼛속 깊이 집단 무의식으로 남았지만 기독교의 부흥회는 맹렬하게 퍼져나갔다. 나라가 망하여 백성을 지켜주지 못하고 조선의 사상적 토대였던 성리학이 권위를 잃은 사이에 기독교가 빠르게 자리를 잡았다. 각자도생과 이해관계도 있지만 사상적 공허가 불러온 양상이기도 하다. 그러함에도 불과 21세기 초반만 해도 유교, 불교, 기독교는 어느 정도 균형을 이루고 있었다. 시민들의 종교 성향은 아직 균형을 이루고 있는데, 특정 종교인 기독교가 정치와 방송매체와 지역사회에서 유난히 목소리가 커졌다. 최근 10여 년은 그 목소리가 지나치게 커서 귀가 아프다. 게다가 최초의 여성 대통령이 탄핵 당하자 보수와 기독교가 융합하더니 광장을 점령하고 울부짖기를 마다하지 않는다. 기괴하다.

신의 경지에 올랐던 지식이 불확실성 원리를 발견한 이래 바야흐로 불확실성의 시대는 완연하다. 무엇이 완전하게 사태를 상황을 상태를 설명할 수 있는가. 지식도 철학도 구성주의와 다원론의 시대로 접어든 지도 이미 오래인 마당에. 시대의 발달과 변화를 알지 못하고 오로지 자신의 신념에 따르는 맹목적인 사람들이 여전히 많다. 수많은 민폐에도 자신의 신념을 위해 사회를 위험에 빠뜨리는 행위를 서슴없이 행하는 부류들이 있다. 그들은 이념과 사상과 종교에 따르는 것이 썩 좋은 행위이며 정당한 권리로 여기는 것 같다. 태극기를 일장기와 성조기와 함께 드는 데다(그럴 일이 있을까?) 별 해괴한 깃발까지 치켜들고 광장을 누비는 자는 얼마나 보기 흉한가. 그 무리들을 앞세우고 위대한 스승인 냥 고함치는 목자는 보기 망측하다. 자신에게 좋은 이미지로 보여준 사람을 흠모하여 그 어떤 흠이나 악행은 거들떠보지 않고 떠받드는 행위는 또 얼마나 천박한가. 가끔 독립운동이라도 하는 듯 결기에 찬, 확신에 찬 얼굴을 보노라면 꽤나 섬뜩하다.

신념이 강한 자는 두려움이 없다. 그리하여 그들이 죄를 지으면 확신범이라 부른다. 신념이 강한 자는 어느 부분에서 보면 꽤나 단순하다. 새끼오리가 태어나서 처음 본 대상을 어미인 줄 알고 따라다니는 각인이 줄곧 영향을 미치는 것과 유사하다. 여러 맥락이나 역사적 흐름이나 자연적 인문학적 환경에 대한 고려는 없다. 수천 년 전의 종교나 수백 년 전의 개혁에 머물러 있다. 그들은 목숨처럼 신봉하는 책을 한 글자도 오류 없는 경서로 한 글자도 바꿀 수 없는 금과옥조로 여긴다.

한 권의 책이 세상 모든 진리를 담을 수 있는가. 세상과 역사와 종교와 사상이 그리 단순한가. 다양한 사상과 이념의 형성 과정과 세계사적 흐름을 모른 채 한 권의 책만 의지하며 산다. 혹은 그 책을 설명해주는 목자만을 따른다. 달을 보라고 손가락으로 가리켰더니 손가락만 바라본다는 비유는 동서고금을 막론하고 유효하다. 부처를 보지 않고 스님만 보거나 예수를 보지 않고 목사만을 보는 경우도 흔하다. 공자 맹자보다 공자왈 맹자왈 하는 사람을 더 우러러보는 사람도 많다. 성경을 무오류로 확신하는 사람들만큼 성리학을 무오류로 확신하는 사람도 많았다. 퇴계학만이 유학이라 고집하는 유학자들도 꽤 있는 현실이다. 퇴계의 리(理)를 높이고 기(氣)를 비하하는 논조는 아직 통용된다. 그들은 이귀기천(理貴氣賤)을 아직도 신봉하여 누구는 귀하고 누구는 천하다고 나누기를 주저하지 않는다.

하나의 신념에 몰두해 있는 사람은 다른 가능성에 대해 듣기를 거부한다. 듣고 싶은 말만 들으려 한다. 알지 못하는 말은 듣지 않고자 아집으로 귀를 막는다. 조선 후기의 성리학을 따른 지식인들이 그러했고, 동인 서인 북인 남인, 소론 노론으로 나뉘어 성리학을 해석했던 무리들이 그러했고, 퇴계학만을 고집했던 유림도 그러했고, 끊임없이 다투는 셈족 아브라함의 자손들도 그러하다. 그들은 듣기 싫거나 이해하기 어렵거나 알 수 없는 말은 이단이라 칭하고 배척하였다. 또는 말이 많으면 공산주의자라고 폄훼하고 아무리 옳은 말이라도 듣지 않으려고 했다. 자기와 다르거나 자기가 모르면 공산주의자라고 몰아붙이고 자신의 무지를 정당화하고 목소리를 높였다. 분단과 전쟁과 미국과 위정자들의 영향이지만 '말이 많으면 공산주의자'라는 명제는 엄연히 통용되었다. 아직도 그 명제가 참이라고 믿는 사람들도 많다는 것은 작금의 광장을 점령한 사람들에게서 증명된다.

맹목에 빠지지 않으려면

주자의 성리학은 완전한 진리를 담고 있어서 더 이상 진리는 없는가. 아브라함의 자손들이 읽는 한 권의 책은 온전하게 완벽한 진리를 알려주기에 더 이상 다른 이야기는 들을 필요도 알 이유도 없는 것인가. 역사적 배경과 환경이 생소한 아브라함의 자손 이야기보다 비교적 가깝고 전통으로 몸에 베인 동양사상을 살펴봄으로써 어두운 맹목을 가늠하고자 한다.

율곡의(1536. 12. 26.~1584. 1. 16.) 학문적 자세는 "군자는 배움에서는 넓어지기를 바라기 때문에 고찰하지 않는 글이 없고…"[1]라고 말하고 있는 데서 유추할 수 있다. 율곡의 시에는 "도를 배움은 곧 집착이 없는 것이니, 인연을 따라 어디든지 놀 수 있다"[2]라고 하여 학문적 포용성을 드러내기도 하였다. 조선의 기틀이며 삶의 구석구석 영향을 미쳤던 성리학이 높은 봉우리를 형성해 나갈 때, 율곡은 높은 산을 비유로 들어 안다는 것에 대해 설파한 적이 있다.

"비유컨대 여기 높은 산이 있는데 산꼭대기의 경치가 말로 표현할 수 없이 좋다고 한다. 한 사람은 그 산이 있는 곳을 모르고 사람들이 말하는 것을 들어 믿고 있을 뿐이다. … 또 한쪽 면만 오른 자는 비록 산꼭대기까지 올랐다 해도 산을 오르는 최상의 공부는 되지 못한다. … 한쪽 편에만 처하여 전체로써 자기의 것으로 삼지 못한다."[3]

율곡은 높고 아름다운 산을 오르지 않고 산에 대해 안다고 말하고, 산이 어디에 있는지도 모르면서 아는 체하고 혹은 안다고 믿는 자칭 지식인들에 대해 제대로 공부하는 것이 아니라고 한다. 성리학의 한쪽 면만 알면서 성리학 전체를 통달한 듯, 성리학만을 공부하고 학문 전체를 아는 듯, 한쪽 편에만 치

---

1) 『栗谷全書』卷20 『聖學輯要』 「修己總論」: 君子學欲其博故於文無不考.
2) 『栗谷全書』卷1 「與山人普應下山至豊獄李廣文家宿草堂」: 學道卽無著, 隨緣到處遊, 暫辭靑鶴洞, 來玩白鷗洲, 身世雲千里, 乾坤海一頭, 草堂聊寄宿, 梅月是風流.
3) 『栗谷全書』卷10 「答成浩原」: 譬如有一高山於此 山頂之景勝 妙不可言. 一人則未嘗識其山之所在 徒聞人言而信之. … 上于一面者 雖極其至 而不得爲上山之極功也 … 而各處一面 不能以全體爲己物者也.

우쳐 전체를 아는 듯하는 것은 최상의 공부가 아니라고 한다. 율곡은 성리학의 최고봉이지만 성리학만이 유일한 공부이며 성리학을 공부하면 여타 다른 공부는 진리와 멀다고 배척하지 않았다. 후일 서인이 소론 노론으로 나뉘어 율곡을 따르며 숭상했지만 어찌 율곡을 온전히 따를 수 있었으랴. 한편 퇴계학을 하였다고 하여 퇴계의 진면목을 다 알 수 있으며 오로지 퇴계만이 주자를 온전하게 계승했다고 할 수 있는가. 그러려면 주자의 학문 형성과정에 대해 정밀하게 알아야 할 것이나 그 방대한 서적을 구할 수 있었는가. 퇴계가 안내한 성리학이 주자의 성리학을 온전하게 완벽하게 해석했다는 것을 논증하는 데 한계는 없는가. 성리학의 형이상학적인 부분과 논리 체계는 명쾌하게 정리되는가. 이기이원론(理氣二元論)과 이기일원론(理氣一元論)은 다툴 여지가 없는가. 사단칠정(四端七情)은 명쾌하게 정리되는가. 게다가 성리학의 높은 봉우리까지 다방면으로 수차례 혹은 수도 없이 올라 입체적으로 웅장한 나무들로 상징되는 성리학의 큰 틀과 소소한 풀 한 포기로 얘기할 수 있는 성리학의 구체적인 짜임도 아는가.

학문과 사상의 형성과정을 살피면 어떨까

맹목적인 진리에 대한 추종은 경계되어야 한다. 동양철학의 형성과정과 전래와 정착에 대한 고려 없이 조선의 유학자들이 진리의 완성체로 성리학을 대했다. 성리학에 대한 맹목적 추종으로 학문의 다양성과 소통을 어렵게 한 유학적 전통이 현재 사회에까지 영향력을 미치고 있는지 돌이켜 볼 필요가 있다. 학문의 형성과 역사를 아는 것은 타인 존중이나 타학문에 대한 존중 면에서도 매우 중요하다. 학문의 형성과정에 대한 맥락을 아는 것은 좀 더 진리에 가까이 접근하는 일이다.

학문과 사상은 시대와 사회와 문화와 역사의 산물이다. 학문의 형성과 정착과정에는 다양한 시대적·사회적 요인들이 관련되어 있다. 시대적 상황과 정치적인 배경과 경제적 환경 등을 망라하여 보아야 사상이 지닌 전체적인 모습에 접근해 갈 수 있다. 사상을 알고 이해하기 위해서는 사상이 하루아침에 이루어지지 않았다는 사실을 알고 다양한 환경이 영향을 미쳤다는 것을 고려할 필요가 있다. 처음부터 완전한 형태의 바이블은 존재하지 않는다. 경전으로 불리는 많은 책들은 오랜 역사 속에서 흩어지기도 하였고 다시 발견되기도 하고 재조명을 받는 과정에서 원형을 보존하기 어려웠다. 현재의 경서들은 역사의 산물이어서 당시 사회와 환경의 영향에서 자유로울 수 없다. 학문과 사상을 이해하기 위하여 사회적 맥락을 아는 것은 중요한 요소이다.

한 시대의 사상을 집대성한 인물들은 한 분야의 학문에 천착하지 않는다. 공자는 유교의 사상적 단초를 처음으로 연 것이 아니라 이전부터 있었던 육경(六經)을 비롯한 이론적 기반들을 집대성한 사상가이다. 공자는 시[詩經]와 글[書經]과 예기[禮記]와 악기[樂記]와 역[易經]과 역사[春秋]를 망라하여 사상의 맥을 이루었다.

주자가(1130~1200) 성리학을 형성해갈 무렵, 노장 사상과 불교의 영향을 받은 지 이미 1,000여 년이 흐르는 동안 사상은 서로 영향을 주고받을 수밖에 없었으며, 주자 이전의 학자들과 사상가들에 의해 융합과 교섭이 이루어져 왔다. 주자의 스승들과 동료들도 그 영향에서 배제된 바 없다. 당대를 거쳐 북송에 이르러서도 민간을 장악한 선종의 기세는 꺾일 줄 몰랐다고 하며, 당시 많은 유학자들이 유교의 부흥에 한 목소리를 내면서도 개인적으로 불교의 고승들과 친분을 쌓거나 불경을 연구하는 일이 허다했다고 한다.

주자는 송대의 5대 학자의 사상을 집대성하여 성리학을 주창하였다. 주돈이(周敦頤)·장재(張載)·정호(程顥)는 불교와 도교의 영향을 많이 받았으며 소옹(邵雍)은 주역을 유학에 접목시켰다. 주돈이는(1017~1073) 맹자의 사상을 바탕으로 불교와 공존을 모색한 이고의 사상을 계승하였다. 맹자의 사상을 계승한 이고(李翶)는 현실적으로 불교를 배척하지 않을 수 없는 상황과 정신적으로 불교의 성불론(成佛論)에 대한 매력 사이에서 갈등하였으며『예기(禮記)』의「대학(大學)」편과「중용(中庸)」편,『주역(周易)』,『맹자(孟子)』등을 근거로 하여 유교적 성불론(成佛論)에 해당하는 성성론(成聖論)을 구축하였다. 주렴계는 불교와 도교에서 부분적으로 흡수하여 신유학의 기초를 마련하였으며 불교를 비판한 적이 없다. 장재는 (1020~1077) 유학에 심도 있는 사변적 철학 근거를 부여하기 위해 유학을 중심으로 도(道)·불(佛) 사상을 종합하였다. 당시 불교가 안고 있었던 폐단에도 불구하고 현상에 대한 형이상학적 분석이나 논리적 추리의 측면을 수용하게 되었으며, 또한 도교의 초현실적 주장에도 불구하고 우주 생성에 관한 이론 등을 유학의 우주론 체계에 흡수시켰다. 장횡거는 처음에 도교와 불교에 심취했으나 명도(정호)·이천(정이)을 만나 도교와 불교를 버렸다. 장재는 『예기』 가운데서 『대학』과 『중용』을 뽑아내어 『논어』, 『맹자』, 『시경』, 『서경』과 어깨를 나란히 하게 하였다. 정호는(1032~1086) '심즉리(心卽理)'를 주창하여 육왕 심학의 근원이라고도 한다. 학문은 서로 영향을 주고받기 마련이다. 명도 선생 행장에는 도교와 불교에 들락날락한 지 수십 년이었으나 끝내 육경으로 돌아갔다고 기록한다(出入於老釋者幾十年, 返求諸六經而後得之). 성품이 온화했고 장횡거와 친척이었다. 정이는(1033~1107) 형과 아울러 정주학의 창시자이다. 이천은 성품이 엄정하여 추상(秋霜)과 같았다. "불교의 이론은 양주나 묵적에 비해 더욱 이치에 가까우므로 그 해가 더욱 심하다(佛氏之言, 此之楊墨, 尤爲近理, 所以其害爲尤甚)"라고 하여 『논어집주(論語集註)』, 「위정(爲政)」에서 불교를 이단으로 주장하였다. 소옹은(1011~1077) 역(易)을 유학에 끌어들인 상수학(象數學)의 대표적인 인물이다. 송대에는 도교를 『주역(周易)』의 상수학으로 해석했는데 유학에 『주역』을 접목

시킨 사람이 소강절이다. 송대 5대 학자의 사상을 모으고 정리하여 주자학이 된 것이지, 하늘 아래 새롭게 만들어진 사상이 어디 있는가. 불교와 도교를 이단으로 배척한 성리학에 아이러니하게도 불교와 도교의 영향은 곳곳에 스며들어 있다.

주자는 "나는 젊었을 때 선록(禪錄)에서부터 「초사(禪錄)」나 병법 책에 이르기까지 무엇이든 배우고자 했다."라고 회상했다. 성리학을 집대성한 주자는 젊어서 도가와 불교를 두루 공부하였고 한·당 경학과 문학, 사학, 심지어 자연과학까지 두루 관심을 가졌다고 한다. 全祖望(1704~1755)은 단적으로 "양송(兩宋)유자들의 출신과 학문 경로는 그 절반 정도가 불교와 도가였다"라고 말하였다. 주자 또한 불교와 도교의 공부를 하였으며 그 영향이 미친 바는 무시할 수 없는 영역을 차지하였다고 볼 수 있다.

주자가 도학을 전하려고 했던 사회적인 배경에는 여진족인 금나라의 침입을 이기지 못하고 남쪽으로 쫓겨 온 송나라에 대한 안타까움도 있지만, 왕안석(王安石, 1021~1086)의 신법에 대한 반작용이 크다. 왕안석은 실용주의적 경향이 강한 남부의 출신으로 대토지를 소유한 보수적인 구법당과 대립하였다. 공자의 구학(舊學)을 반대하고 신학(新學)을 주장한 개혁파인 왕안석이 재상이 되어 신법(新法)을 실시하였다. 왕안석이 『시경(詩經)』,『서경(書經)』,『주례(周禮)』를 독창적으로 해석하여 「신의(新義)」라 부르고 과거시험의 기본서로 채택하려는 한

4 사색 그 고요 너머   215

편, 타 학설을 허용하지 않으며 구법당을 탄압했다.[4] 도학을 튼튼하게 하여 중국의 중심사상이 되길 소망했던 주자의 도학에 대한 책임감은 시대적 상황에 대한 이해와 맞물려 있다고 볼 수 있다. 주자는 사회의 혼란과 국가의 위기가 도덕의 타락과 기강의 문란에서 비롯된 것으로 판단하였다. 주자는 도통을 회복하여 공자와 맹자의 도통을 잇는 것이 가장 중요하다고 보았다. 주자의 목적이 분명하였기에 그 당시까지의 유학을 집대성하였지만 다른 학문을 이단으로 지목하여 유학만을 높인 것은 시대적 영향이 크게 작용했다고 할 수 있다. 그러나 주자학은 본시 불교와의 대결의식에서 태어난 학문이기 때문에 불교를 모르면, 주자학을 온전히 이해할 수 없다.

하나의 사상을 연 사상가들은 세분화된 단편적인 지식에 의존하기보다 그들이 접할 수 있는 모든 분야의 학문을 접하고 사상을 검토한 후에 시대적인 요구와 사회상을 반영하여 그들의 사상을 확립하여 왔다고 볼 수 있다.

서역의 불교가 중국 변방에 전파되었던 시기는 대략 서한(西漢, B.C. 206~A.D. 8) 말에서 동한(東漢, 23~220)초였다.

---

[4] 휘종 때, 신법당의 채경은 재상이 되자 구법당 사람들을 간당이라 부르며 그 중 120명의 이름을 돌에 새겨 궁성 앞에 세워두고(元祐姦黨碑), 숭녕 3년에는 309명으로 늘려서 돌에 새김과 동시에(元祐黨籍碑) 그 블랙리스트를 천하에 공포하고 당인의 자제가 수도에 거주하는 것을 금지시켰다.

불교는 중국에 들어와 남북조를 지나 수(隋)·당(唐)에 이르러 크게 성행했으며 천태종(天台宗), 유식종(唯識宗), 화엄종(華嚴宗), 선종(禪宗) 등 종파가 생겼다. 그중에서도 영향력이 컸던 화엄종과 선종은 맹자의 유심주의(唯心主義)와 결합하여 중국화된 토착 불교였으며, 그 내재적 불심(佛心)이론이 성리학의 심론(心論)에 이론적 연원을 제공했다고 본다. 어떤 학자는 "유교와 불교의 역사적 관계는 '종교상의 독립'과 '이론상의 융합'으로 정리할 수 있다"라고 하였다. 동양의 사상은 두부의 모를 자르듯 간단명료하게 구분되지 않는다. 사상들은 형성과정과 정착과정을 통해 서로 영향을 주고받은 면이 많다.

한자가 유입된 기원전 100년경부터 불교가 전래된 4세기 이후, 우리 문화는 유교와 불교가 융합하여 왔다. 신라의 화랑은 원광(圓光)을 통해 중국의 삼교회통(三敎會通) 사상과 신라의 조화 정신을 연결함으로써 세속오계와 풍류도를 통해 유·불·선을 조화시켰다. 원효(元曉)(617~686)는 화쟁론(和諍論)으로 통일신라 초기의 정신적 융합을 시도하였다. 또한 고운(孤雲) 최치원(857~?)의 「난랑비서(鸞郎碑序)」에 따르면 풍류(風流)라고 불리는 고유한 신선사상이 있었는데 유·불·도 삼교의 가르침을 이미 포함하고 있었다고 한다.

"나라에 현묘한 도가 있으니 일러 풍류라 한다. 가르침을 베푼 근원은 선사(仙史)에 상세하게 갖추어져 있다. 실로 3교(儒·佛·仙)를 포함하며 중생을 교화한다. 이를테면, 들어오면 집에서 효도하고 나가면 나라에 충성하는 것은 노사구(魯司寇, 孔

子)의 주지(主旨)와 같은 것이고, 무위(無爲)에 처하고 불언(不言)의 교를 행함은 주주사(周柱史, 老子)의 종지(宗旨)와 같은 것이며, 모든 악한 일을 행하지 않고 착한 일을 받들어 행함은 축건태자(竺乾太子, 釋迦)의 교리(敎理)와 같은 것이다."

달마(達磨)가 중국에 와서 선종(禪宗)을 일으킨 것이 6세기이므로 당나라 시기에는 선종이 유행하였고 당나라에서 유학한 최치원은 이미 선종에 대한 안목이 있었으며 유교와 불교의 공통점으로 도를 깨닫는 주체가 마음이라고 주장한다. 최치원은 진감선사(眞鑑禪師)의 비문에서 "도는 사람에게서 멀리 있지 않으므로 사람에게는 이방이 있는 것이 아니다. 그러므로 동인(東人)의 아들들이 불교도 할 수 있고, 유교도 할 수 있으며, 또 다른 것도 할 수 있다."[5]고 하였다.

맹목을 강요받았던 시대에
맹목에 빠지지 않았던 학자 율곡

다른 사상이나 학문을 배척하지 않고 다른 사상이나 학문에 대해 편견을 갖지 않은 율곡의(1536~1584) 자세에서 다양성 존중의 실마리를 발견할 수 있다. 율곡(栗谷) 이이(李珥)는 성

---

5) 「진감국사비서문(眞鑑國師碑序文)」: 道不遠人 人無異國 是以東人之子 爲釋爲儒也.

리학자이면서 불교에 몸담았고 노자(老子)와 장자(莊子)의 사상을 해석하여 『순언(醇言)』[6]을 저술하였으며 상산(象山) 육구연(陸九淵)이나 양명(陽明) 왕수인(王守仁)의 사상에서도 진리에 가까운 말은 배척하지 않았다. 율곡은 성리학이 학문의 정점에 있을 때, 성리학뿐만 아니라 원시유교의 경전들을 착실하게 공부하였다. 장재와 주돈이·정호·정이 형제와 소옹의 상수학까지 망라하여 성리학을 전체적으로 접근하였으며, 명나라 성리학자인 정암 나흠순(羅欽順, 1465~1547)의 사상을 수용하는 등 율곡은 유학자로서의 면모를 드러내 보이고 있다.

  조선 성리학의 봉우리를 형성한 율곡은 16세 때, 아버지를 따라 평안도에 갔다가 돌아오는 길에 사임당(1504~1551년)이 세상을 떠났다는 소식을 들었다. 율곡은 어머니인 사임당으로부터 일곱 살 때부터 사서(四書)를 비롯한 유학 공부를 배웠다. 율곡에게 사임당은 어머니이자 스승이었다. 율곡은 아버지가 생존해 있었으므로 신사임당의 1년 상과 심상(心喪)으

---

[6] 성리학의 관점으로 노자의 『도덕경』중에게 유도(儒道)와 가까운 2098언을 취하여 40장으로 편집한다. 율곡은 유가의 수기(修己)·치인(治人)의 관점에서 『노자』의 글을 뽑아 주해(註解)하고 구결(口訣)을 붙였다.

로 3년 상을 마친 후 열아홉에 금강산으로 들어갔다.[7] 율곡이 열아홉에 금강산에 입산하기 전에 이미 「능엄경(楞嚴經)」을 좋아하였다고 한다. 또한 율곡의 아버지가 불서(佛書)를 즐겨 읽었다는 기록이 있다. 1년 남짓의 금강산의 산사체험 흔적은 그의 사상과 철학에 큰 영향을 주었다. 율곡은 금강산에서 1년 남짓 지난 후에 돌아와 「자경문(自警文)」을 짓고 유학으로 돌아올 것을 다짐했다. 21세에 문과 초시인 한성시에 장원했다. 23세에 퇴계를 예방했고 겨울에 문과 별시에 장원했다. 26세(1561년)에 아버지가 세상을 떠나자 어머니 신사임당의 묘소에 합장하였으며 3년 상을 마친 후 1564년 7차례에 걸쳐 장원하고 호조 좌랑을 시작으로 벼슬길에 나서서 가족을 부양했다. 1566년 아버지의 재산을 7남매가 분배하였는데 율곡은 세

---

[7] 『명종실록』21년 3월 24일조에 율곡이 사간원 정언에 제수된 내용의 아래에 다음과 같이 기록되어 있다고 한다. "일찍 모상(母喪)을 만나 집상(執喪)하는 데 정성이 지극하였다. 그 아비의 첩이 그를 사랑하지 않았고, 또 아비 이원수가 일찍이 불경을 좋아하였는데 그의 나이 16~17세 때 한 중이, 망령(亡靈)을 위해 천복(薦福)한다는 설로써 그를 유혹하므로, 그가 가인(家人)에게 알리지도 않고 곧 의복을 정돈하여 금강산으로 들어갔다"라고 하여 율곡의 금강산행을 설명하고 있다.
선조 원년 홍문관 교리에 제수되자 "신이 어린 나이로 도를 찾다가 학문하는 방향을 몰라 제가(諸家)를 넘나들며 일정한 길을 잡지 못했고, 또 태어난 시기가 좋지 않았던지 일찍이 자모(慈母)를 여의고 망령되이 슬픔을 잊고자 석교(釋敎)를 탐하다가 본심이 어두워져 드디어 깊은 산으로 달려가서 거의 1년이 되도록 선문(禪門)에 종사했습니다. … 불교의 도에 중독된 사람 가운데 신처럼 깊이 중독된 사람은 없을 것입니다. … 그런데 신의 아비가 신에게 조그만 재주가 있는 것을 애석하게 여겨 명예를 찾도록 굳이 권하는 바람에 그때부터 계속 과거에 응시했습니다. 신의 구구한 뜻은 그저 두승(斗升)의 녹으로 추위와 배고픔이나 면하자는 것뿐이었습니다."라며 감당할 수 없는 자리라고 말했다.『선조수정실록』1년 5월 1일조.

누이들 보다 재산을 적게 받았다.

율곡은 스무 살에 다음의 선언을 하였다. "항상 한 가지의 불의를 행하고, 한 사람의 무고한 사람을 죽여서 천하를 얻을 수 있다고 하더라도 그러한 일은 하지 않는다는 생각을 가슴속에 담고 있어야 한다."[8] 율곡은 아무리 작은 일이라도 불의를 행하지 않으며 무고한 사람을 상하여 천하를 얻지 않는다는 맹세는 율곡이 평화를 지향하였다는 것을 알 수 있게 한다. 인격 수양이 출세보다 귀한 것이라는 확언이며 다짐이다.

율곡은 1577년 정월부터 서모를 비롯한 형제들을 불러 모아 해주 석담에서 함께 살았다. 식구는 100여 명에 이르기도 하여 「동거계사(同居戒辭)」라는 가정 규칙을 만들어 하나의 공동체를 형성하고 살았다. 율곡은 「동거계사」를 한글로 지어 부녀자들과 아랫사람들도 읽게 한 다음 그 규율에 따라 행동할 것을 당부하였다. 이 생활수칙을 만들었을 때 측실, 비복들도 모두 사당에 참배토록 했다. 사당에 참배하는 것이 양반의 행세이자 권리이며 의무였던 것을 생각하면 파격적인 수칙임에 분명하다. 이 규율 중에는 개인 재산을 두어서는 안 된다는 항목을 둠으로써 공동체의 실천 강령으로 삼았다. 율곡은 파주에 있던 약간의 땅만으로는 대식구의 살림에 부족하였으므로 대장장이에게서 손수 일을 배워서 대장장이 일을 시작했다(최고

---

[8] 『栗谷全書』卷14 「自警文」: 常以行一不義 殺一不辜, 得天下不可爲底意思, 存諸胸中.

의 성리학자인 율곡이 대장장이 일을 하다니).

　율곡은 맹자의 '항산(恒産)이 있어야 항심(恒心)이 있다'를 누구보다도 잘 이해한 것으로 보인다. 율곡이 백성의 삶을 염려하고 백성의 삶을 보호하기 위해 많은 관심을 쏟았다. 율곡은 항산이 없으면 백성은 도적이 된다는 내용을 언급하며 다음과 같이 문제를 제기하였다. "백성이 항구적인 산업이 없으면 그 본연의 착한 마음을 잃게 되고 굶주림과 추위가 몸에 절절하면 염치를 돌아볼 수 없게 되어 일어나 도적이 되니 어찌 본마음이겠는가?" 백성의 삶이 안정적으로 이루어진 후에 예의나 염치를 물을 수 있지 않겠느냐는 문제제기다. 예의와 염치만을 앞세우고 삶의 질이나 인간적인 삶은 뒤로 미룬 형태가 결코 아니다. 글이나 읽고 생활은 모른 채 한 것은 훗날의 거짓 선비가 체통을 지키기 위한 변명에 지나지 않는다.

　율곡 사상의 밑바탕에는 인간존중의 강한 신념이 자리하고 있다. 조선 중기 신분제의 한계를 넘어서지 못했다 할지라도 인간을 평등한 존재로 보고 평등하게 대하려고 한 행적을 통해 율곡의 인간관을 유추할 수 있다. 율곡은 특히 경직된 신분제의 조선 중기에 어진 것과 재능을 보고 그 출신을 묻지 말아야 한다고 선조에게 여러 차례 상소했다. 율곡은 「은병정사학규(隱屛精舍學規)」의 첫 번째에 '입학자격은 사족(士族)과 서류(平民)를 가리지 않고, 공부에 뜻이 있는 사람은 모두 받아들인다.'고 명시하였다.

　율곡은 차별받는 서자와 노비와 천민에게 관심을 쏟았다. 율곡이 청주 목사에 임명되자 서원향약(西原鄕約)을 만들어 시행하며 노비들도 참여시켰다. 율곡은 서원향약의 서문에서 "향약은 옛날 한마을에 사는 사람이 공동으로 마을을 지키고 질병이 났을 때 서로 도우며 출입할 때의 경비를 서로 돕고 또 자녀들로 하여금 학교교육을 받아 윤리도덕을 돈독하게 하기 위하여 만든 것"이라고 그 취지를 밝혔다. 서원향약은 행정 조직과 향약을 결합시켜 반관반민(半官半民)의 성격을 띠게 했으며, 말단 실무자는 양인과 노비를 가리지 않고 착한 사람을 임명했는데(21세기인 지금도 암암리에 신분에 따라 자리에 앉힌다), 특히 계(契)를 도입하여 환난상휼(患難相恤)의 경제적 상부상조에 역점을 두었다. 이 향약에는 나이가 30세 이하인 사람으로 글도 배우지 않고 무예도 배우지 아니한 자에게는 『소학(小學)』, 『효경(孝經)』, 『동자습(童子習)』 등의 글을 읽게 하며 읽지 않는 자에게는 벌을 가한다는 항목을 두었다.

　1577년 고을 사람들과 의논해 만든 해주 향약에는 빈민을 구제하는 대책이 담긴 사창계약속(社倉契約束)까지 덧붙여서 지위의 높고 낮음과 신분의 귀하고 천함을 떠나 온 고을 사람들에게 더불어 살고 욕심을 적게 하는 삶을 권면했다. 율곡은 해주향약에서 향회(鄕會)의 절차에 있어서 연령순을 원칙으로 하여 사족(士族)이라는 신분보다는 오히려 덕과 학행을 기준으로 사람을 평가하는 인간관을 보여준다. 또한 승려들을 백성들과 함께 보호하고 삿된 이로움을 도모하여 이들을 해치지 않도록 규정함으로써 인간 존엄성에 대한 일면을 드러내고 있다.

율곡은 "잘못된 법을 개혁하려면 마땅히 언로를 넓혀서 좋은 정책을 모아야 하니 위로는 공경대신에서 아래로는 가마꾼이나 말구종에 이르기까지 모두 각자 시대의 폐법을 진술할 수 있도록 해야 한다. 그리하여 그들의 말이 결과적으로 채택할 만한 것이면 그것이 누가 한 말인지를 취사선택의 기준으로 삼지도 말고 해당 부서로 하여금 고식적으로 기존의 예를 따르지도 말도록"[9] 해야 한다고 주장했다. 가마꾼이나 말구종이 하는 말이 하마평이다. 하마평을 들으라는 말은 요새는 당연시되지만 당시로 보면 개혁이며 파격적이다. 공자왈 맹자왈하는 학문하는 사람만이 탁상공론을 하던 시대 아닌가.

성리학을 사단칠정 논쟁으로 기억하는 식자들이 있을 테고, 율곡을 구도장원공(九度壯元公)이라하여 천재 성리학자로 아는 이도 있을 테고, 조선 성리학의 최고봉으로 아는 이도 많을 것이다. 율곡에게는 조선 중기 성리학자라는 역사적 한계를 염두에 두더라도 시대에 국한되지 않은 학자의 모범을 보이고 있다. 율곡의 운문에서는 불교와 노장사상이 함께 노래하고 실천적인 측면에서는 양명학과도 통하는 면이 있다. 율곡은 사상의 검증으로부터 비교적 자유로운 운문의 영역에서 불

---

[9] 『栗谷全書』卷15「雜著」「東湖問答」: 先革弊法以救民生欲革弊法 則當廣言路以集善策 上自公卿下至輿儓 皆許各陳時弊其言果可用也. 則勿以其人爲取捨 勿使該曹爲循例防.

교의 흔적을 많이 남기고 있는데 "시(詩)란 것은 문사 중에서도 가장 우수하다"[10]라고 평한 바 있다. 율곡의 운문을 연구한 학자는 "그가 남긴 시 중에서 34수 이상이 불교와 관련된 것이며, 그중에는 선방에서의 참선을 그리워하는 것도 있으며, 율곡이 적어도 20개 이상의 산사(山寺)를 드나들었으며 20명 이상의 승려들과도 교유한 것으로 확인된다"고 하였다. 성리학만을 학문으로 숭상하고 타 학문은 이단으로 취급받았던 조선 중기에 학문이라는 큰 산을 여러 방면으로 수차례 오르며 진리에 가까운 말은 배척하지 않고 궁리하여 수용할 줄 알았던 학자였다. 성리학이 아닌 학문을 공부하면 탄핵 당하던 시기임을 감안하면 율곡의 학문과 삶은 현재에도 재조명할 가치가 충분하다.

에필로그

주자는 "이제 나는 사물을 확실히 보게 되었다. 성인의 1자 1구가 우리를 기만하지 않았음을 안 것이다. 61세가 되어서야 간신히 이렇게 깨닫게 되었으니 만약 작년에 죽었다면 그것은 개죽음이 아니었겠는가? 올여름 이후의 일이다. 성인의 말이

---

10) 『栗谷全書』拾遺卷之三 序 人物世稿序.

라는 것은 한 자도 줄일 것이 없이 한 자도 늘릴 것 없이 완벽하게 결정되어 있어 조금의 첨삭도 필요치 않다는 것을 깨달은 것은"[11]이라고 고백하였다. 주자가 말한 성인은 공자이지 스스로를 칭한 말이 아니다. 그러나 조선에서는 말이 간명한 공자보다 어려운 논리가 세련된 주자학을 학문으로 칭송하였다.

박은식(1859~1925)은 다음과 같이 그 안타까움을 전하고 있다. "오국유림(吾國儒林)의 사상으로 언(言)하면 제노선생(諸老先生)이 모두 주학(朱學)을 숭상하고 독신(篤信)하여 유일무이(唯一無二)한 법문(法門)이 됨에 감히 일언일자(一言一字)라도 주학(朱學)과 이동(異同)되면 사문난적(斯文亂賊)의 율(律)을 가(加)하고 왕학(王學)에 지(至)하여는 이단사설(異端邪說)로 배척(排斥)하여 학계(學界)의 용적(容跡)을 허(許)치 아니하였다." 박은식의 안타까움은 조선의 사상이 하나만을 허용하여 학문의 발전을 가져오지 못하고 주자학에 갇혀버린 현상을 잘 보여준다. 하나의 사상에 갇히면 시대를 막론하고 고루(固陋)하며 완매(頑昧)하며 완명(頑冥)하다. 고집이 세고 사리에 어두운 자가 누구를 이끌려고 하는가.

율곡은 『경연일기(經筵日記)』에서 "옛적에는 학문이란 명

---

11) 『二程全書』「顔子所好學論」: 聖人生而知之者也…孔子則生而知也. 장재는 공자는 늙을 때까지 성숙해짐으로서 나아가는 인격으로 보았으나, 정이는 공자는 태어나면서부터 도리를 인식한 선천적 완성자로 보았다. 『論語』「述而」: 子曰, 我非生而知之者, 好古, 敏以求之者也. 공자는 자신이 태어나면서부터 안 사람이 아니고, 옛 것을 좋아하고 민첩하게 그것을 추구한 사람이라고 하였다.

칭은 없었다. 일상생활에 당연히 모든 사람이 마땅히 행하는 것이었으므로 실행할 도를 닦는 데 있었다. 그것은 일상생활의 실제를 떠난 특이한 별개의 일이 아니며, 또 일상생활 바로 그것이 학문이기 때문에 원래는 학문이란 말도 따로 있지 아니하였던 것이다. 그런데 후세에는 도학이 밝지 못하고 윤리가 퇴폐해지자, 학문이란 명칭이 따로 등장하게 되었으나, 학문이란 결국 일상생활을 통하여 옳은 것만 구하여 행하는 일을 이름하는 것이지, 그것이 일상생활과 별개의 것은 아니다"라고 하였다. 얼마나 분명하고 간결하며 아름다운 말인가. 또한 율곡은 "말로써 가르치는 것은 몸으로써 가르치는 것만 같지 못하고, 글로써 전하는 것은 뜻으로써 전하는 것만 같지 못한 것이다. 말이 어찌 보탬이 될 수 있겠는가."[12]라고 하였다. 몸으로써 직접 시범을 보이고 모범을 보이는 것이 뜻이나 글과 말로 가르치는 것만 못하다는 율곡의 통찰은 앎의 실천에 있어 시사하는 바가 크다. 율곡은 누구보다 많은 책을 접했지만 고담준론(高談峻論)만 읊지 않았다. 누가 성리학을 고루하다고 하는가. 아니면 율곡의 학문을 다 아는가. 주자의 성리학은 다 아는가. 한 권에 담을 지식이 존재하는가. 글보다 뜻을 알게 하고 말보다 몸으로써 가르치는 율곡의 지침은 말만 앞

---

12) 『栗谷全書』卷14「護松說」: 敎之以言, 不若敎之以身, 傳之以文, 不若傳之以意, 言何足尙哉.

선 사람을 경계한다.

  21세기는 맹목으로 바라볼 수 없는 시대이다. 세계는 공존공영을 위한 호모 레시프로쿠스(Homo Reciprocus: 상호 의존하는 인간)·호모 심비우스(Homo Symbious: 공생하는 인간)의 새로운 문명을 모색하고 있는 중이다. 공생할 것인가. 두 눈을 떴지만 두 눈이 망한 맹목으로 맹인으로 살 것인가. 누구나 학문의 자유가 있다. 사방천지 도서관에 무료로 빌려볼 수 있는 책이 지천이다. 오로지 한 권의 책만 떠받들며 맹목으로 살 것인가. 사리분별은 하며 살 것인가. 세상은 아름답고 감사할 일이 많으며 음미할 것도 도처에 가득하지 않은가. 소크라테스가 말하길 음미하지 않은 삶은 의미가 없다고 했다. 두 눈을 뜨고 푸른 하늘도 우러러보고 개미 한 마리도 굽어보아야 하지 않겠는가. 두 눈으로 세상을 봐야 하지 않겠는가.

(2020년)

part 5
나에게로의 여행

마음속 돌 하나

내 마음속에는 돌이 있다. 돌은 언제부터인지 모르게 턱하니 자리를 잡고 있다. 마음의 길은 눈을 감아야 보인다. 눈을 감으면 아무 때든 저기만치 우뚝 솟은 산도, 송사리 노는 실개천도, 꽃이 흐드러지게 핀 넓은 들도 보인다. 갓 스물이 넘어갈 무렵이었다. 마음을 들여다보니 산등성이에 뿌리를 내린 너럭바위가 있었다. 그 바위에 서서 먼바다를 보았고 그 위에 앉아 하염없이 아버지를 언니를 엄마를 기다리는 어린아이가 있었다. 나를 닮은 돌이 나를 보고 있었다. 돌덩이는 꼼짝없이 예부터 있어 온 것이다. 오래된 아집처럼, 오래된 친구처럼, 혹은 아버지처럼, 어머니처럼 돌이 있다. 큰 산 너머 작은 섬들이 옹기종기 모여 있던 바다를 바라보던 바위에 오래도록 얽매어 있다.

스물두셋의 마음에 이미 자리한 돌의 정체가 궁금했다. 수천

도의 온도에서 식어버린 돌일망정 냉철하고 차갑고 단단한 돌이 아닌가. 오랜 시간을 응축한 돌이 아닌가. 솜털 같은 가벼운 구름과 향기로운 꽃 보다 먼저 눈에 들어오는 돌덩이는 무척 당혹스럽고 의아했다. 그 무거움에 지레 겁먹으면서도 마음의 풍경들을 찾아 여행을 한다면 여러 가지 사물들과 풍경들을 만날 수 있을 것 같았다. 돌과 기찻길과 해바라기와 코스모스쯤에서 여행은 멈췄다. 간절함이 응축되어 쌓이다가 돌처럼 굳어진 것인지, 태초의 유산처럼 이어받은 것인지, 단지 유년의 풍경이 각인된 것인지 그 까닭은 알 수 없다. 여하튼 최초의 여행에서 가장 먼저 존재를 드러낸 것은 낯설고 무표정한 돌이었다. 돌은 내 마음속으로의 여행에서 가장 먼저 존재를 알린 열쇠이기에 문득문득 마음을 붙들었다. 응시하다가 해답을 얻지 못하고 돌아오는 여행일망정 언제라도 떠날 수 있는 여행지를 지니고 있다는 사실은 가벼운 설렘이다.

  먼 산에 우뚝 솟은 바위는 아름답다. 높은 산의 바위는 자연이 지닌 화룡점정(畵龍點睛)이다. 푸른색으로 가득 채워진 숲에서 하얗게 얼굴을 드러낸 바위는 그림에 생명을 불어넣는다. 산이 오랜 옛날부터 믿음직했던 것은 뼈대를 이루듯 봉우리와 산등성이의 바위들이 버티고 있어서가 아닐까 싶다. 멀리 산봉우리의 바위는 마음을 다독여준다. 흉터 없는 손이 얼마나 되겠냐고, 아픔 없이 성숙하는 마음이 어디 있느냐고 묵묵히 말하는 것 같다. 비에 씻기고 바람에 살갗을 흩날리고 햇빛에 바래가면서 말없이 지켜보았노라고 고개를 끄덕이는 것 같다. 봉우리의 바위는 만년설처럼 아득하고 든든하다. 비바람에 끄떡하지 않고 가슴을 닫은 적 없는 바위는 시련 따윈 별 문제 아니라는 듯 담담하다. 바위는 연약한 흙을 단단히 잡아주는 버팀목이다.

뿌리 깊은 바위에 새긴 맹세는 미덥다. 임신년의 화랑의 맹세는 자못 흐뭇하다. 말간 바위의 얼굴은 든든하다. 어제 다르고 오늘 다른 헛맹세보다 말 없는 바위가 편안하다. 바위에 새기듯 변함없는 맹세는 쉬이 변덕을 부리지 않는다. 무거운 말이다. 깊은 언약이다.

바위에 등을 기대면 온기가 따뜻하게 전해온다. 작은 틈 사이 먼지를 받고 흙을 받고 비와 이슬과 씨앗을 받아 싹을 틔워내는 바위는 인정스럽다. 뿌리를 뻗을 자리를 내어주고 자기를 부서뜨려 나무를 키우는 바위는 살아있는 생명이다. 바위는 햇빛을 모았다가 칠흑 같은 밤사이 어린 토끼의 침실이 되어주고 고라니가 등을 비비는 온돌이 되기도 하리라.

손안에 쏙 들어오는 차돌 하나를 마음인 냥 들여다본다. 두 개의 부싯돌로 불꽃이 번쩍하는 찰나를 보려고 자꾸만 빗겨 치던 순간이 어제 같다. 차돌같이 단단한 사람이 그리운가 보다. 내 마음의 돌무더기에도 차돌 하나쯤 있을 것 같다. 차돌은 흙속에 박혀있어도 하얀 바탕이 쉽게 눈에 띈다. 차돌은 싱거운 돌이 아니라는 듯 햇빛에 반짝거린다. 주먹에 하나씩 쥐고 다니다가 마당의 담장 밑에 놓아두곤 했다. 냇가에서 주운 차돌 하나가 잡동사니처럼 책상 귀퉁이를 차지하고 있다. 가끔

5 나에게로의 여행

손안 가득 쥐어보는 재미가 있다. 이 돌멩이는 마음속 돌덩이 아래에서도 반짝 빛을 낼지 모를 일이다.

  사람의 마음은 때론 돌 같다. 무심한 풍파와 온갖 상념과 크고 작은 생채기도 돌처럼 이겨낸다. 데우칼리온과 피라가 머리 뒤로 던진 돌이 사람이 되었다고 한다. 돌 마냥 단단하고 돌인냥 무심하고 돌처럼 평화롭고 돌같이 변함없는 미덕으로 살라는 뜻이 깃든 신화는 아닌가 싶다.

  미네르바는 돌칼이라도 들지 않았을까. 최초의 무기일 단단한 돌을 들고 민감하고 냉철하게 전쟁 같은 삶의 광장에 서지 않았을까. 아테네의 수호에 의지하듯 담담히 살고프다.

  한 때 뜨겁게 흐르던 마그마는 차갑게 식어 단단한 화강암이 되었다. 내 마음에도 차갑게 식은 돌덩이와 다시 타오를 힘을 지닌 무심한 바위가 있다. 스스로 불순물을 다 태우고 수정 같은 돌 하나 남게 될지 모르겠다. 네모난 사람의 모서리를 깎아내고 떨어뜨려 둥그렇게 둥그스름하게 되어 가는지도 모른다. 너럭바위에 서고 앉고 거닐고 눕고 기댄다. 하염없이 먼 산을 바라볼 전망대는 꿈결에도 그립다. 길게 구부러진 길에 매끈한 큰길이 내달아 바다로 이어지는 곳, 사방이 산으로 감싸는 곳, 떠났다가 한 번씩은 돌아가 쉬어야 할 곳이 마음에 있다.

  난 아무래도 말없는 돌이 되려나 보다. 고집이면서 근심이면서 안락한 쉼터이고 지지대이던 바위를 닮아가야 할까 보다.

(2011년)

마음속의 아이

무심하게 냇물이 흘러가듯 누구에게나 공평하다는 시간이 흐르고 감나무 줄기가 굵어지듯 나이가 든다. 사람이 여러 경험을 통해 배우고 나이가 들어갈수록 현명하고 지혜로워져 모든 일을 순리에 맞게 적절하게 판단해서 알맞게 처신하고 살 줄 알았다. 그러나 나이가 들어가는 어떤 날, 당황스럽게도 마음속에 어린아이가 울고 있는 때가 있다. 어느 날은 흑백영화처럼 고요히 눈물짓고 어느 날은 비 오는 저녁의 풀벌레처럼 쓸쓸하게 울고 있다.

마음속의 아이를 만나는 법은 어렵지 않다. 눈을 감고 어린 날로 돌아가 가장 아프던 때의 나를 찾아보는 것이다. 마음속의 아이를 만나러 가면 그곳에 움츠리고 겁먹고 두려워하거나 슬프고 외로운 아이가 있다. 여섯 살의 아이일 때도 있고, 아홉 살의 아이일 때도 있고, 열세 살 때의 아이일 때도 있다. 힘없이 연약한 모습으로 누군가로부터 상처받고 위로받지 못한 채 홀로 울거나 견디거나 아픈 모습의 아이가 있다. 그 아이를 찾아가 그 아이를 바라보고 다가가 "고맙다고, 잘 견뎌줘서 아주 고맙다고, 너 덕분에 지금의 내가 있는 거라고, 그리고 사랑한다."고 그 아이를 안아준다.

한 번도 상처받지 않은 아이는 없다. 가장 가까운 부모에게 형제에게 친구에게 또는 그 누구에게든 상처받는다. 다른 사람에게는 별 일 아니나 그 사람에게는 생채기가 되는 일도 있다. 어렸거나 힘이 적었던 아이의 아픔이 오로지 아이의 것으로 남아버리는 때가 있다. 상처를 준 사람은 알지도 못하고 기억도 못하고 별 일 아니었을 거라고 생각하는 일에도 아이는 상처받고 그 상처가 깊이 간직되어 버릴 수도 있다.

아이의 서러움과 슬픔과 아픔을 누구보다도 잘 알고 있는 자신이 어른이 되어 연약하게 떨고 있는 상처받은 아이를 인정하고 이해하고 다독이며 안아준다. 아이를 안아주고 고맙다고 그 존재를 인정하고 추억 속으로 과거로 잘 가라고 보낸다. 어떤 아이도 한 번에 과거로 돌아가지는 않는다. 다시 만났을 때 그 슬픔의 강도가 조금 줄어들어 있는 느낌을 줄 뿐. 아주 가끔은 좀처럼 보낼 수 없는 아이도 있다. 아마도 가장 아팠던 순간일진대 한두 번의 다독임으로 슬픔과 외로움과 아픔이 해소되지 않는 아이도 있다. 그 아이는 또다시 만나러 가면 된다.

사람은 언어보다 감정을 먼저 배운다. 아늑하고 따뜻함 속에서 느닷없이 차가운 세상으로 떠밀려난 두려움과 분노와 불안을 언어보다 먼저 배운다. 좋다는 느낌과 싫다는 느낌이야말로 어린아이가 가장 먼저 체험하는 세상에 대한 앎이다. 좋음과 싫음이야말로 아이가 살아가야 하는 세상에 대한 단초이다. 세상을 이해하기에는 아이의 언어가 너무 모자라고 사람들 사이의 문화는 너무 복잡하다. 얼마나 많은 시간을 고뇌하고 매달려야 세상의 문화를 이해하는 일이 가능한가. 삶들이 녹아드는 세상의 이치가 늘 진리로 통하며 정의는 그리 녹록한가. 불합리한 일들은 도처에 퍼져있고 어른들도 세상에서 흔들리는 일들이 도대체 얼마나 많은가. 힘없고 연약한 어린아이가 그들 앞의 여러 현상들을 이해하기에는 언어가 너무 모자라고 언어를 알아가는 동안 싫음은 또다시 반복되거나 생성된다. 삶에서 부딪히는 좋고 싫음의 경험은 무궁무진한데 언어의 배움은 더디고 느리고 모자랄 따름이다.

  불합리한 일들을 많이 겪거나 이해되지 않는 환경에 놓이거나 싫음과 두려움과 불안을 기쁨과 즐거움과 편안함보다 더 많이 접하게 되는 사람은 더 이상 마음이 다치는 것을 방지하고자 한다. 그리하여 감정의 빗장을 잠그고 이성의 세계로 들어간다. 감정의 촉수는 둔탁하게 만들고 이성은 예리하게 각을 세워 세상과 경험을 이해하려는 태도로 인해 마음속의 감정과 이성의 균형이 깨진다. 감정을 회피하고 억압한 나머지 싫음과 두려움과 분노와 불안뿐만 아니라 기쁨과 즐거움과 신남과 좋음도 온전하게 느낄 수 없게 된다. 감정의 촉수를 둔하게 만든 까닭에 마음속에서 울고 있는 아이는 오랫동안 방치된다.

　주자와 율곡은 '마음이 본성과 감정을 통섭한다(心統性情, 心統攝性情)'고 하였다. 그러니 마음 안에는 감정과 이성이 함께 있다. 마음의 힘을 키우는 방법 중에 이성을 확충하는 것도 하나의 방편이다. 이성의 힘을 먼저 키웠다면 마음속에서 감정을 억압하고 있지 않은지 돌아볼 필요가 있다. 더 이상 상처받지 않을 만큼 마음의 근육이 단단해졌다면, 상처받은 어린 자신을 마주할 용기가 생겼다면 이제는 마음속에서 울고 있는 어린아이를 찾아야 한다. 그 아이의 아픔을 인정하고 이해하고 알아주는 과정이 필요하다.

　아홉 살의 아이는 몹시 앓았다. 유월 보리타작이 한창인 때 무얼 잘 못 먹었던지 토사곽란이 났던 모양이다. 이틀인지 사흘인지 앓다가 작은방 바닥이 푹 꺼지는 느낌이 들면서 손가락 마디 하나 움직일 수 없이 방바닥을 따라 몸이 아래로 내려가는 느낌이 들었다. 노란 물까지 토하던 힘도 사라지고 방바닥이 땅속으로 꺼지는 느낌 따라 이대로 죽을 수 있겠다는 생각이 들었다. 죽기 싫었다. 살기 위해서는 무엇이라도 목으로 넘겨야 한다는 생각으로 죽을 힘껏 언니에게 밥을 달라고 했나 보다. 언니는 꽁보리밥에 짜디짠 게장을 가져다주었는데 밥알이 모래알처럼 버석거리고 삼키기 어려웠지만 기를 쓰고 삼켰다. 마당에는 온 식구들이 보리타작을 하고 있었는데 아무도 미음을 쑤어주지 않았다.

아홉 살의 아이가 힘없이 누워있는 모습은 부모와 형제가 있음에도 문득 외로운 존재라는 생각과 함께 떠오르던 장면이다. 어리고 힘없이 서글펐던 내면의 아이를 찾아 나선 잠시의 여행에서 왜 그 아이가 보였는지 모른다. 그 아이를 보는 순간 안타깝고 속상하고 서글퍼서 나도 모르게 눈물이 났다. 마음속 아홉 살 아이를 안아주고 "고맙다고, 잘 견뎌주어서 지금의 내가 있는 거"라고 말하고 보내려 했으나 쉽사리 떠나보내지 못했다. '아직 그 아이를 떠나보내지 못하는구나!' 그렇다면 가끔 그 아이를 안아주어야 하겠다는 생각을 했다.

그 아이는 아직 만나러 가지 않는다. 예전처럼 아파 보이지 않는 그 아이를 느끼는 것으로 내면 아이를 만난 것은 성공적이었다. 마음속에서 울고 있는 아이를 만났더니 그 마음속에 즐겁고 신나게 노는 개구쟁이 아이도 있다. 마냥 호기심이 넘치고 무언가에 열중하던 귀여운 아이가 있다. 구름이 지나가듯 나이를 먹지만 아무리 나이를 먹어도 마음속 아이는 사라지지 않는다. 마음속에서 웅크리고 앉아 울고 있는 아이가 울음을 뚝 그치면 나는 좀 더 자유를 만끽하게 될 것이다.

(2014년)

낡은 것들과의 이별

언제부터인가 살림에 재미가 줄었다. 적어도 나에겐 태산 같던 엄마와의 이별 이후부터였는지, 나의 조그만 우주가 금이 가고 때가 끼는 걸 느낀 이후부터였는지는 명확하지 않다. 하여튼 수년 전부터 살림에 재미가 적어 최소한의 움직임으로 살아왔던 것 같다.

큰아이가 초등학교에 들어가기 전에 자리 잡은 아파트에서 십여 년을 꼼짝 못하고 눌러앉다 보니 살림살이도 빛이 바래고 벽지도 시간의 더께를 얹고 낡아가고 있었다. 보금자리를 옮겨보려던 소망은 실현 가능성이 낮아지는 게 확실하므로 가라앉는 공간에 약간의 생기라도 불어넣을 수 있다면 그리하고 싶었다.

벽지와 장판을 바꾸기로 하였다. 새살림 나는 새댁처럼 마음이 설레었다. 오래되고 낡은 살림들이 곳곳에 자리를 잡은 지 십여 년이라 그 살림살이를 옮기면서 이틀, 사흘 땀을 쏟아야 하겠지만 퇴색된 벽지를 뜯어내고 깔끔한 새 벽지를 바르는 일인데 그쯤 땀이야 기꺼이 흘려줄 수 있는 일이다. 내일이라도 시작하고 싶었지만 공사 날짜는 차일피일 미뤄졌다. 미뤄지는 며칠 동안 기존의 자리에서 살림살이를 덜어내기로 하였다.

　장롱 속에는 결혼 전에 입었던 옷이 있고, 입지 않고 놔둔 옷들도 있다. 무엇이든 쉬이 버리지 못하는 성미가 때론 고약스럽기 짝이 없다. 어쩌자고 입지도 못하는 옷들을 장롱 안에 모셔두고 좁게 사용하는지 딱한 노릇이다. 과감하게 몇 개의 옷들을 꺼내놓고 단추며 지퍼 따위를 분리하여 재활용할만한 물건을 챙긴 후에 분리수거함에 넣었다. 아이들의 옷들에서도 행여 막내가 물려 입을까 싶어 모아둔 형들의 오래된 옷들도 치우기로 한다. 지난 이십여 년 동안 가장 사치한 물건은 단연코 책이라고 말할 수 있는데 책 또한 쉬이 버릴 수 없다. 모르는 사람에게 책을 주기도 하고 아동센터에 보낸 적도 있지만 책은 공간만 허락한다면 더 가까이 두고 싶은 애장품이다. 많은 책을 치웠지만 아직도 살림살이의 반은 책일지도 모르겠다. 학교에 입학하기 전 오래된 아이들의 그림들을 보고 있노라니 아이들이 순수하고 맑았던 모습들도 엊그제처럼 떠올랐지만 단출하게 정리하는 것이 목적이었으므로 그 또한 내보내기로 하였다. 도통 버리지 못하고 쌓아둔 아이들의 흔적이 제법 많다.

냉장고와 주방으로 손길이 갔다. 냉장고의 내용물을 모두 꺼내놓고 보니 오래된 홍시 얼린 것도 있고 언제인지 모르지만 제사를 지내고 가져온 밤과 대추도 들어있다. 도대체 몇 년이 지났는지 잰피 열매 껍질과 청양고추를 섞은 양념가루도 나왔다. 엄마는 해마다 가을이면 잰피를 따서 말리고 껍질을 분리한 후 청양고추 말린 것과 섞어서 방앗간에서 빻아오는데 우리 집 별미인 장어탕과 추어탕의 비법양념으로 톡톡히 구실을 했다. 엄마표 된장과 간장에다가 이 비법양념만 있으면 언제든 친구를 초대할 수 있었던 요리를 이제는 도통하지 않는다. 아마도 다시는 그 맛이 나지 않을 것이다. 한 줌 남은 가루를 반가운 마음에 쓰다듬어 보다가 냉동실 문 안쪽에 고이 올려놓는다.

무엇하나 쉽사리 버리지 못하는 성미도 성미거니와 주부로서 게으름을 피웠던 몇 해의 흔적을 며칠 동안 치우고 닦아냈다. 벽지와 장판을 바꾸는 일에 마음이 설레어 살림을 정비하고 있는 나를 발견하니 사람 사는 일이 별 거 아닌 일에도 영향을 받기 마련인가 싶다.

사람에게 정이 들고 그 정이 갓풀에 연결되듯 쉬이 끊어지지도 않지만 사물에 대한 정과 애착도 만만치 않은 것 같다. 멀게는 이십 년도 더 지난 물건부터 웬만하면 십 년이 넘어갈 사물들을 곳곳에 쟁여 놓고 그들과 같이 사는 일도 나쁘지만은 않다. 그러나 한정된 좁은 공간에 사물들을 쌓아 놓기에 불편하므로 과감하게 오래된 사물들과 이별을 선택한다.

드디어 도배와 바닥 공사가 시작되었다. 오래 묵은 잡동사니까지 하나하나 자리를 털고 나왔다. 미리 정리를 하노라고 하였음에도 불쑥불쑥 나타나는 사물들이 반갑고 당혹스럽다. 머릿속으로 그들의 자리를 지정하면서 우선은 공사에 방해되지 않는 공간으로 밀쳐두었다. 복도와 베란다와 거실에 쌓인 살림이 민망한 민낯을 드러낸다. 계획대로 진행되지 않는 일이 다반사라지만 첫날 공사가 절반도 마무리되지 않는 바람에 이튿날은 시간에 쫓겨 손이 열 개라도 모자랄 판이 되었다. 모든 에너지를 소진하듯 하루를 보내니 공사도 끝이 보였다. 새 옷을 입은 처녀같이 혹은 성장한 중년 부인처럼 집이 옷을 바꿔 입었다. 같은 집에 같은 살림살이 건만 그 집을 대하는 식구들의 태도는 확연히 달라진 것을 느낄 수 있다. 살림살이가 낡은 것이 아니라 그 살림을 담는 박스가 낡았던 것일까? 사람의 눈이 변덕을 부리는 것일까? 의례 깔끔하고 단정한 박스에 가지런하고 예쁘게 치장하고 싶은 게 당연하련만 새삼스럽다.

작은 나사 하나까지 모두 나와서 쓸모가 있거나 의미가 있거나 나중에라도 다시 찾을 것 같은 사물은 제자리를 찾아가고, 철이 지났거나 정이 다했거나 쓸모가 사라진 사물은 놓일 공간을 잃고 만다. 쓸고 닦아서 다시 자리를 잡은 사물들을 쓰다듬고 바라보며 다시 또 한 번 함께 살아갈 동지처럼 든든하고 애틋한 눈길을 준다. 다시 그들도 낡아가고 나도 덩달아 낡아갈지라도 그들과 함께 곁에 있게 될 것이다. 어떤 사물은 나보다 오래 남을 것이며, 어떤 물건은 쓰임이 다해 사라질 때가 올 것이고, 어떤 존재는 나와 함께 운명을 함께 하기도 할 것이다. 많은 사물을 두고 번거로이 수고하기를 원치 않으므로 살림살이는 더하고 빼기를 거듭하다 단출해질 것이다. 나와 함께하였고 함께할 낡아진 사물들이 새삼 고맙다. 살림살이에 다시금 재미가 붙게 될까?

(2013년)

동안거(冬安居)

깊은 산속에서 주로 지내던 승려들이 겨울이 오면 바깥출입을 하지 않고 도를 닦는 것을 동안거라 한다. 한겨울에 산 아래를 오가는 것이 어렵다는 것이 한몫했으리라. 시간을 쪼개 쓰며 바쁘게 일하던 농부들도 몸을 쉬는 겨울에 진리를 깨우치겠다는 승려들이 무에 바쁜 일이 있어 눈 쌓인 산길을 위험하게 오르내릴 까닭이 있겠는가. 방안에 고즈넉이 앉아 진리의 세계를 탐색하는 것이 승려의 본분에 합당한 행동임에 이의가 없다.

예전보다 겨울이 따뜻하고 자동차가 어디든 다니는 21세기에 진리를 탐구하는 구도자처럼 동안거를 맞는다. 학령기가 한참 지나고 배움을 이어간 덕분에 비교적 늦은 나이에 할 일을 찾았는데, 열 달은 일 하고 두 달은 쉬어야 한다. 삶은 12개월 연속적으로 이어지는데 일은 열 달에서 끊긴다. 강제적으로 공백기를 맞는다. 공백으로 남은 두 달이 애매하다. 무언가에 열중하기에 짧은 시간도 아니건만 마음은 이미 평온을 잃어버린다. 일은 어떻게든 하겠지만 두 달 후의 삶이 확정적이지 않다는 것은 심리적 에너지를 훼손하기에 충분하다. 어쩌면 이러저러한 이유로 유랑민처럼 일자리를 찾아 다녀야 할지 모른다. 스스로 삶을 영위하며 자식들을 키워야 한다는 부담이 새삼 크다. 예전에는 적으나마 생활비를 받을 수 있었기에 구박을 받으면서도 책을 읽었지만, 이번 겨울은 한두 달의 공백에도 겁이 덜컥 나서 책을 읽다가도 중단되기 일쑤다. 실업급여를 받아도 한 달치 생활비가 비는 셈이다. 그야 견딜 수 있지만, 곧 일이 연결되어야 산다. 자식들과 당당하게 살아낼 수 있을지, 자존감이 무너지지 않고 삶을 영위할 수 있을지, 파멸하지 않고 버텨내서 더 좋은 삶으로 나아갈 수 있을지, 더 나은 사람으로 살아갈 수 있을지 여러 염려가 드나들었다.

 소위 '빽'도 없지만 사회가 공정하다면 어디에서든 일을 할 수 없는 것이 아닌데도 사람이 작아진다. 그곳에서 일하는 계약직 팔구 할이 연줄로 들어왔다는 것을 알았으니 마음이 더 편치 않다. 믿는 구석이라고는 나와 나의 일과 나와 일하던 분들의 평가일 뿐이었으므로. 단지 세상이 비록 느리고, 때로는 퇴보하는 것처럼 보일지라도 미약하나마 전진하고 있으므로 더 나아지리라는 소박한 믿음이 있을 뿐이다.

 원하지 않았더라도 주어진 공백기를 진리 탐구의 시간으로 알차게 보내면 좋으련만, 괜한 여러 가지 염려와 상념으로 번번이 평화는 깨지고 흩어져서 공부가 길을 잃고 맥이 끊어진다. 심약해지고 작아지는 마음을 붙잡아 공부를 하려 해도 상념이 때때로 찾아오는 바람에 공부에 진척이 없다. 문득 허무해지고 황망해지는 기분을 어찌지 못한다. 삶의 지속이 안전하지 않은데 자아실현을 위해 진리탐구에 매진한다는 것이 결코 쉬운 일이 아님을 확인한다. 갑자기 소속을 잃은 두 달 동안 휑한 바람이 훑고 지나가듯 쓸쓸하다. 일상의 안정을 해치는 현실로 인해 동안거는 동안거답지 못하다.

도서관에서 『율곡전서』 영인본을 비롯한 책들을 잔뜩 빌려와 놓고는 진득하게 몇 시간씩 책에 몰입하지 못한다. 틈만 나면 책을 읽어야 한다는 생각만 강박에 가깝다.

마음이 답답한데 문득 몸이 버겁다. 어찌 구도가 마음과 정신에만 있을 것인가. 심신을 수련하는 것은 구도의 기본이다. 그러함으로 오랫동안 밀쳐두고 방치한 정신의 도구이기도 한 몸을 돌아볼 필요도 있었다. 그랬다. 몸은 마음과 정신을 담은 도구이며 수단일 뿐이라고 생각하였다. 그런데 몸을 무시한 지 오래되니 책상에 오래 앉아있기도 힘들다. 심신의 균형이 깨졌다. 도구이자 수단이 기능을 다하지 못하게 된 것이다. 마음대로 다스려지지 않는 마음은 두고 몸을 움직이자는 심산에 박차고 일어나 산으로 향했다. 동안거 동안 스님들은 산속에서 바깥출입을 삼가는데 정작 나는 산으로 향한다. 거친 숨을 몰아쉬며 수행하듯 산을 걷는다. 어차피 마음이 편치 않은

데 어찌 책만 읽을쏘냐 하며 의도적으로 산길을 걸었다. 그랬더니 책은 더욱 멀어졌다. 이로서 두 달간의 동안거는 진리와 멀어진 이름뿐인 동안거가 되었다.

  오랜만에 요가도 시작했다. 학교가 열리고 일과 공부를 병행하려면 시간적 제약이 많아서 얼마 동안 유지할 수 있을지는 알 수 없다. 그러나 책을 놓고 요가원에 감으로써 정신과 몸의 균형을 고려하기 시작하였으니 이 또한 깨달음과 실천의 동안거라 할 수도 있을까?

  몰입할 수 있는 절대적인 시간이 필요하다며 미뤄둔 공부를 겉돌며 두 달을 보냈다. 빈손이 아쉽다. 세속의 염려와 근심을 이기지 못하고 바깥바람을 쐬고 보니 공연히 동안거를 동안거답게 보내지 못한 변명 따위나 하고 있다. 새 학기를 준비하며 책들을 구비하였다. 동안거를 끝내고서야 공부를 하려나보다.

(2016년)

학교를 마치며

　사람은 배워야 산다. 사람이 배워야 살 수 있다는 것은 만고의 진리이다. 자연에 적응하고 생존하기 위하여 연약한 상태로 세상에 나온 인류가 배워야 할 것은 아주 많았다. 잘 배우는 것이 생존에 절대적으로 유리했기 때문에 잘 배우는 인간이 유능할 뿐만 아니라 살아남아 자손을 퍼트릴 수 있었다. 문자 이전의 배움은 실생활과 뗄 수 없는 것이어서 산과 들과 강과 숲에서 나무와 풀과 뿌리와 돌과 동물과 계절과 날씨 등에 대한 것이었다. 문자 이후의 배움은 추상적이 되었으며 현실과 일정한 거리를 두게 되었다. 문자 이전의 교육 장소는 곳곳에 있었지만 문자 이후의 배움의 장소는 학교 혹은 교실로 축소되었다. 글을 읽고 글을 쓰기 위해서는 비바람으로부터 차단된 실내의 장소가 필요했으며 한 곳에서 일정 시간 머물러야 했다.

나는 어쩌다가 그 좋은 학교를 이어 다니지 못하고 학교 밖을 헤매게 되었을까? 기억력도 좋은 편이고 말귀나 글귀도 곧잘 알아들었는데 말이다.

학령기에 소 먹이러 산으로 들로 다녔고, 꼴을 베고, 논두렁을 베고, 밭을 매고, 거름을 이어 나르고, 각종 농산물을 이어 옮겼다. 겨울이면 손발이 부르트도록 나무를 해 날라서 나뭇단을 서너 동 쌓아둔 채로 봄을 맞았다. 때때로 책을 읽었고, 때때로 짚으로 새끼를 꼬았으며, 새끼줄도 몇 동태 쌓아두어야 했다. 그러면서도 학교에서 공부는 모자라지 않았다.

6학년 말에 아버지가 돌아가시자마자 부반장을 했던 나는 중학교조차 보내기 곤란하다는 말을 들어야 했다. 80년대에 무슨 청천벽력 같은 소리인지 선생님도 친구들도 나도 이해할 수 없었다. 우여곡절 끝에 중학교에 진학했다. 책을 잡히는 대로 읽으며 초등학교와 중학교 시기를 보냈다. 고등학교도 어렵사리 서울에서 이어갔다.

엄두가 나지 않아서, 단돈 만 원도 도와줄 가족이 없어서 학업을 이어가지 못했다. 일을 하고 결혼을 하고 아이를 낳아 키웠다. 30대에 공부를 하고 싶었지만 형편이 넉넉지 않아 대학교 진학은 늘 버킷리스트 1순위로 남았다. 때때로 무료 강좌를 찾아다니고 신문을 두어 개씩 읽고, 읽고 싶은 책을 찾아보는 것으로 시름을 달랬다.

마흔에 학교를 다니기 시작했다. 아무리 기다려도 아이 셋을 둔 엄마가 학교에 다닐 형편은 되지 않았다. 형편은 한시도 더 나아지지 않았고 아이들 공부를 도와주기에 내 지식은 부족했다. 공부를 지속하지 못한 것이 못내 아쉬웠다. 바라던 학교가 아니라 내가 감당할 수 있는 학교를 선택했다. 4년 내내 전액 장학금을 받으며 공부했다. 나는 성적이나 등수를 위해 시험 보는 축이 아니었다. 십 대에는 수업 시간에 집중하는 것으로도 충분히 공부가 됐었다. 마흔이 넘으니 암기가 시원찮다. 두세 번씩 혹은 서너 번씩 교과서를 읽어야 했다. 관련된 책을 다양하게 읽으며 난생처음 좋은 성적을 받기 위해 노력했다. 시원치 않은 형편이니 이왕이면 장학금을 받아야 했다. 그러고 보면 중학교 때도 고등학교 때도 장학금을 받았었다.

4년의 과정을 마쳤지만 공부가 미진했다. 아쉬웠다. 대학원은 성적순으로 장학금을 주는 것이 아니라고 해서 부담이 많이 됐지만, 국가에서 대출해주는 제도가 있으니 이용하기로 했다. 마흔이 넘으니 겁이 없어진 건가. 겁이 많아서 20여 년 가까이 빚내서 공부하는 것에 대해 엄두를 내지 못했는데…. 이제는 더 이상 겁먹고 도망가지 않고 빚을 내서라도 공부하기로 했다. 겁이 아주 없어지지는 않았으나 태산처럼 무서운 겁은 아니었다. 형편은 형편없는데 대학원이라니, 성적으로 장학금을 주지도 않는데…. 노력만으로 장학금을 받을 수도 없는데 대학원이라니…. 그렇지만 시작이 늦은 만큼 멈칫거리기 싫어서 학업을 지속했다. 원하는 책을 읽고, 수업을 듣고 이야기를 나누는 것이 즐거웠다.

2년의 시간은 너무나 짧아서 박사과정까지 더해보기로 했다. 다행히 석사를 마치고 일을 하게 되어 석사 과정에서의 대출금을 갚아나갈 수 있게 됐다. 본 대학 석사 졸업예정자를 박사과정으로 바로 진학시켜준 적이 지난 칠팔 년 동안 없었다고 한다. 전통이라는 틀이 작동했다고는 하지만 영어가 걸림돌이 되어 바로 박사과정에 들어가지 못했다(영어는 좋아하지 않아서 그랬는지 잘 되지 않았다). 1년의 시간을 가진 후 박사과정을 이어나갔다. 그리고 이제 그만큼 빚을 더 남기고 그 과정을 모두 마친다. 박사과정은 일하면서 공부를 하다 보니 원하는 만큼 책을 볼 수 없었다. 책을 보는데 필요한 절대적인 물리적 시간이 모자랐다. 일은 많았고 여러 가지 피로가 왔다. 아쉬운 것은 아쉬운 대로 즐거웠던 것은 즐거운 대로 보람 있었던 것은 보람 있는 대로 정해진 과정을 마치었다. 그랬더니 훌쩍 40대가 지나갔다. 마흔에 시작하여 마흔아홉에 이르러 모든 학교 과정이 끝났다.

2012년 글로벌 인재포럼의 캐치프레이즈는 "교육이 최고의 복지다"라고 하였다. 그렇다. 교육이 삶의 질을 일정 부분 담보한다. 나의 삶에서도 교육이 공부가 삶의 질을 더 낫게 해주었다. 열일곱에 스물에 최고의 복지가 주어졌더라면 더할 나위 없이 좋았겠지만 소소한 대로 아쉬운 대로 온전히 내 힘만으로 공부를 할 수 있었다는 것도 꽤 괜찮다. 그 누구의 희생 없이, 그 누구의 도움 없이 온전히 내 의지로 걸어온 공부의 길이잖은가.

박사 논문은 앞으로 최소 몇 년은 소요될 것이다. 만약에 꾸

꿋한 의지와 하고픈 말이 있어서 완성할 수 있다면. 박사 수료에 지나지 않지만 10년 여정이 책과 공부와 함께 지나갔다.

아직 읽고 싶은 책은 너무 많고 엮어야 할 이야기도 있다. 공부는 끝난 게 아니다. 교육과정은 마쳤지만 공부는 마칠 수 있는 것이 아니다. 이제 자유롭게 책을 볼 수 있는 시간이 다가온다는 것이 무엇보다 기쁘다. 10년 여정 애썼다. 그대.

(2017년)

2020년

 하늘은 높고 푸르러 구름 한 점 없이 청량하고 햇빛은 닿지 않은 곳이 없어 모퉁이에 피어 있는 봄까치 꽃을 밝게 비춘다. 가벼운 바람은 움츠렸던 어깨를 펴게 하고 발걸음을 가볍게 만들어준다. 봄이 주는 느낌은 상쾌하기 그지없다. 목련은 순백의 꽃을 피워 하늘을 향해 받들어주고 매화는 작은 꽃잎을 옹기종기 아기자기 피워냈다. 봄이다. 보이는 것이 봄이고 보는 것이 봄이다. 자꾸 바라봄이 봄이다. 푸릇한 새싹이 얼마만큼 자라는지 벚꽃은 언제 화사한 빛을 담아 보이게 될지 가까이에서 멈추어 보고 지나갈 때마다 바라보게 하는 봄이다. 들에는 푸릇푸릇 쑥이 자라고 머위가 듬성듬성 둥근 모습을 드러내는 봄이다. 산속 곳곳에 연분홍 진달래가 피어오르고 흰 무더기의 산매화가 피면 연둣빛 새싹과 어울려 산도 들도 온통 봄이다.

　자연은 절로 봄으로 가고 봄을 가져온다. 자연은 스스로 그렇게 가고 오는데 올봄은 예기치 않은 일로 봄이 왔지만 저만치에 있는 것 같았다. 지난겨울 느닷없이 생겼다는 전염병이 잡힐 듯 잡히지 않고, 오히려 더욱 기세를 떨치며 퍼지는 바람에 봄이 와도 봄을 만끽하지 못한다. 아직 실체를 알 수 없는 이 바이러스는 증상이 없을 때도 전염이 되며 높은 전염성에 더해 잠복기가 길다 보니 여타 바이러스보다 더 무섭다. 발병 초기에는 감기와 유사하고 증상이 경미한 경우가 많아서 이 바이러스만의 특성이 뚜렷이 구별되지 않는다. 보이지 않고 빠르며 때로는 느긋하게 있다가 초기에 알아채기 어려우니 실로 고약한 놈이다. 초기에는 이빨을 드러내지 않다가 중증으로 진행되면 맹렬하게 공격하니 이런 고얀 놈이 있나. 난제다. 이겨내고 극복해야 할 적이라면 꽤나 난처하고 강한 적이다.

　바이러스는 숙주 없이 혼자 살지 못하니 이 미생물을 운반해주는 행위를 차단하고 막으면 될 일이지만 기대난망이다. 수천 년 역사상 가장 풍요롭고 자유로운 시대를 살고 있잖은가. 자유로운 일상이 삶 자체에 녹아들어 있다. 오랜 평화가 만들어준 일상은 자유롭게 거리낌 없이 자유의지로 선택한 행위를 하며 작은 행복으로 채울 수 있다. 오랫동안 자유롭게 유지되어온 일상을 포기하지 못하는 사람들이 많을 터이니 타인들의 공공선에 기대기엔 한계가 있다. 불편을 감수하고 사회적 거리두기에 동참해주면 좋으련만 어디까지나 희망에 지나지 않는다. 갑갑하다고 날씨가 너무 좋다고 봄이라고 온갖 꽃들이 피어난다고, 지난해 지지난해 본 꽃들을 다시 보기 위해 길을 나서는 사람들이 많다. 습관처럼 하던 일은 해야 한다고 믿는 사람들도 많다.

자연은 스스로 그러하듯 산도 들도 푸르고 푸른 여름이 되었다. 나무도 풀도 울창한 녹음으로 물들고, 논에 나란히 서 있는 벼는 푸른 바람을 따라 일렁이며, 밭에는 푸른 고구마 줄기가 온 밭을 덮고 남을 만큼 엉클어졌다. 옥수수는 하늘 높이 자라고 뜰아래 해바라기가 듬직하게 우뚝 서 있는 여름이다. 장마도 더위도 땡볕도 각자 자기 몫을 한 여름이 한창이다.

바이러스를 지닌 사람이 작은 도시에 간간히 한 사람씩 나왔지만 더 이상 확산되지 않았다. 바짝 긴장하던 일상에 틈이 생겼다. 긴장이 길어지니 팽팽하던 줄이 느슨하게 늘어진 걸까. 비교적 한가하고 맑은 공기를 지닌 도시는 길어지는 휴지기에 방심했다. 태풍전야 같은 고요였을까. 경계가 풀어진 사이 휴가를 가고 모이고 운동을 하고 서둘러 일상을 회복한 사람들, 그들 사이로 도둑 같이 바이러스가 들어왔다. 타인에 대한 고려 없이 이기적인 한 사람이 가져온 바이러스는 순식간에 광범위하게 퍼졌다. 잠시 방심한 대가를 혹독히 치르듯 살기 좋은 작은 도시는 찰나에 아수라장이 되었다. 잔뜩 겁먹은 눈빛, 경계하고 주의하며 종종거리는 바쁜 걸음, 언제 어디에서 바이러스를 흡입하게 될지 몰라서 마스크를 쓰고도 거리를 두고 경계를 한다. 일을 해야 하니 출근을 하고 먹을거리를 장만해야 하니 가게에도 들러야 한다. 완전한 거리두기를 위해 집에만 머물 수도 없다. 하는 수 없이 밖에 잠시 나온 사람들은 마음이 급하다. 시간도 공간도 여유가 없다. 얼굴을 반 이상 가리고 눈만 내놓으니 표정이 없다. 무표정하게 바삐 일을 보고 흩어지는 사람들에게서 생경한 찬바람이 분다. 이 바이러스가 원체 고약하니 경계하고 주의하고 조심할 수밖에 없지만 무표정한 얼굴들이 다른 세상처럼 낯설다. 살갑고 정다운 지인들과 친구들과 이웃들과 같은 공간에 있을 수도 없다. 가족조차도 조심하고 주의해야 하니 어쩔 도리가 없다. 숨 쉬는 공기에 바이러스가 있다고 하니, 숨인들 편히 쉴 수 있는가. 숨을 내쉬고 들이마시는 최초의 행위가 버거운 일이 되었다. 편히 숨을 들이마시고 내쉬지 못하는 상황을 이 바이러스 창궐 이전에 생각해 본 적이 있었던가. 가장 귀한 공기는 공짜라며 지구를 찬미하고 삶에 격려를 퍼부었던 일이 언제던가 싶다. 가장 귀한 공기를 찬미할 날이 머잖아 다시 올까.

  위대한 과학자들이 치료제를 개발하고 사회가 사람들이 이 바이러스를 실어 나르지 않기를 바라며 조심하고 또 조심할 뿐이다. 행여 바이러스와 접촉하여 다른 사람들에게 피해를 주게 될까 봐 전전긍긍한 지 반년이 지났다. 그렇잖아도 단출한 일상이 밍밍해졌다. 연초부터 이어진 조용한 삶이 초가을이 되도록 활기를 찾지 못한다. 풍요롭고 자유로운 일상으로 돌아갈 날이 하세월이다. 언제나 얼굴을 마주보고 웃고 커피를 마시며 일상을 나누고, 강좌에 나가 공부를 하고 오랜 모임에 나가 입꼬리를 올리며 웃어볼까.

구업口業

사람이 많으면 말이 많다. 말이 많으면 좋은 말보다 좋지 않은 말도 자연 많아진다. 말은 마음을 열게 할 수도 있고 마음을 닫게 할 수도 있다. 그러나 말만으로 진리에 닿았다는 말은 들어본 적 없다. 말이 중하기로 말만으로 진리를 알 수 있는가. 진리가 언어에 갇혀 있었던가. 진리는 언어 너머에 있지 않은가.

말을 잘하면 천 냥 빚도 갚고 말로 보시(普施)도 한다는데 누군들 말을 잘하고 싶지 않으랴. 말만 잘해도 아무런 실천이나 행동 없이 땀 흘리지 않고 어마어마한 책임도 비껴갈 수 있다지 않은가. 게다가 말로 충분히 은혜를 베풀며 교양인의 미덕을 실천할 수 있다니 얼마나 간략하며 우아하며 고상하랴.

허나 말을 잘하는 것은 그리 간단치 않다. 말을 잘한다는 것은 화자가 자신이 뱉은 말에 흡족해한다는 게 아니다. 말은 청각과 시각, 지각과 사람에 대한 이해를 동반한다. 청자의 청각에 거슬림이 없고, 시각에도 적절하며, 지각에도 알맞아 내용이 합당하며 맥락에 맞아 간사하지 않고, 교언(嬌言)이나 방탄(放誕)하지 않으며, 전반적인 배경에 대한 이해까지가 말의 영역이다. 말에 결합된 청각과 시각, 지각과 배경에 대한 공통적인 이해 중 어느 하나라도 어긋나면 말을 온전히 듣기 어렵고 소통은 제대로 이루어지지 않는다. 말이 거슬리면 마음이 통하는 소통은 불가하다.

연령대가 주는 정체성과 상당히 동떨어진 목소리는 기이하다. 연령에 따라 음색은 달라지고 음색은 정체성과 관련된다. 유아는 유아의 목소리가 있고 십 대는 십 대의 목소리가 있고 이십 대는 그 나름의 음색을 지닌다. 삼십 대는 삼십 대의 음색이 있다. 나이와 어울리지 않는 목소리는 청각에 거슬린다. 가늘고 높은 목소리보다 담백하고 투박한 목소리가 귀에 편안하다. 어른이 되어 갈수록 듣기 편안해지는 음역대가 되는 것은 진화일까, 적응일까, 성숙일까.

말투도 듣기에 꽤 중요한 영역이다. 공적 영역에서 반말을 예사로 쓰는 사람은 위아래가 없다. 극소수 한두 명의 관리자를 제외한 거의 모두에게 반말을 하는 사람은 누가 뭐래도 거만하다. 상대의 나이가 적으면 무조건 반말을 하는 사람의 말투도 불편하기는 매한가지다. 나이로 제압하겠다는 것인가. 나이가 많으면 모든 경험치가 월등하고 훌륭하며 가치 있는가. 공적 영역에서의 반말은 거칠다. 살랑거리며 웃으며 얘기해도 반말을 일삼는 것은 거친 말버릇이다. 친밀감의 표현으로 반말을 하던, 기선을 제압하려고 반말을 하던, 혹은 조심할 필요가 없어서든, 어떤 이유로도 반말을 주로 하는 사람 치고 거만하지 않은 이가 없고 배운 사람이 없다. 가정에서든 학교에서든 사회에서든 배운 바 없다.

무표정한 표정은 냉랭하고 퉁명스러움을 담는다. 지나치게 눈치를 안 보거나 혹은 지나치게 눈치를 보는 것도 시각적인 듣기에 거슬린다. 시각에서 거슬리므로 듣기는 멀어진다.

비논리적이거나 비합리적인 언행이야 말할 것도 없다. 편벽된 말, 편협한 말도 듣기 어렵다. 교언영색이나 표리부동한 말, 간사한 말도 거슬린다.

말을 잘한다는 것은 결코 만만한 일이 아니다. 적절한 음으로 적절한 빠르기와 높낮이로 알맹이 있는 내용을 갖추고 상대방을 존중하며 마음을 담아야 한다. 투박하지만 염치를 아는 말, 사람이 편안히 들을 수 있는 영역의 음과 음색, 표정과 말투 등이 관여되므로 말을 잘한다는 것은 그리 단순치가 않다.

정말 말을 잘하면 천 냥의 어마어마한 빚을 갚을 수 있는가. 천 냥이라는 자산은 흔하게 접할 수 있는 크기가 결코 아니다. 한 냥도 자신의 능력이나 주변의 능력을 담보하지 않으면 빌릴 수 없는 사람이 많다. 천 냥의 빚을 질 수 있다는 것은 그만큼을 빌려줄 물주를 아주 가까이에 두고 있거나, 천 냥의 빚을 받아낼 만큼의 언변이나 능력이 되는 사람일 게다. 말 한마디로 천 냥의 빚을 갚는 사람은 말 한마디로 천 냥의 빚을 질 수 있는 사람이다. 다른 사람의 재물을 자신의 재물처럼 쓰는 사람 치고 말 못하는 사람이 없다. 언변이 좋은 사람이 일을 만들고 다른 사람을 고통스럽게 한다. 사고를 치고 사기를 치는 사람은 대개 언변이 좋고 언사가 좋다.

좋은 말을 하는 것은 분명 미덕이요, 선한 행위이며 보시(普施)다. 배려 깊은 사람이 될 수 있고 사려 깊은 사람이 될 수 있고 유쾌한 사람, 즐거운 사람, 긍정적인 에너지가 많은 사람, 행복한 사람이 될 수 있다. 스스로 뿐만 아니라 주변까지 편안하게 행복하게 한다. 행복을 나누고 격려를 나누고 기쁨과 열정을 나누는 사람이 될 수 있다. 격려의 말을 폭포처럼 쏟아부을 수 있고 안부의 말을 초콜릿처럼 건넬 수도 있다.

그러나 말만 잘하면 그 어떤 행동이나 실천 없이 보시(普施)가 되는 것인가. 빤히 속 보이는 겉치레로 하는 말도 보시인가. 자신은 실행하지 않으면서(자신의 손발은 그대로 모셔두고) 다른 사람을 쉽게 부리는 말도 아름다운가. 구체적인 실행 없이 평가 따위만 일삼는 말(누가 평가의 권위를 주었는가)도 쓸모 있는가. 맥락을 고려하지 않고 쏟아내는 말도 듣기에 좋은 말인가.

아름다운 말도 직접적인 경험을 담지 못하면 헛된 말이 된다. 헛된 말은 화자의 입을 떠났지만 상대방의 마음에 전달되지 못하고 허공으로 사라진다. 그런 말은 몇 센티미터도 가지 못한다. 아무리 근접해 있어도 통하지 않는다. 미사여구로 치장한 말이 듣기 좋다면 자신이 일을 하지 않았기 때문이고 일에 대해 모르기 때문이다. 까마귀의 치장을 알아내는 것은 구성원의 지혜이며 경험이다. 말만으로는 일이 되지 않는다. 마음을 담아야 하고 손발이 움직여야 일이 된다. 아름다운 단어들을 쏟아낸들 그게 일이 되지는 않는다. 아름다운 단어로 권력자를 칭송하는 사람들이 득세하면 좋은 곳이 될 수 없다. 가정이든 사회든 국가든 매한가지다.

입으로 죄를 짓는 것을 구업(口業)이라 한다. 구업 중 으뜸은 거짓말이다. 스스로 거짓말을 하는 사람을 물론이고 자신 때문에 다른 사람이 거짓말을 하도록 하는 것도 구업과 다르지 않다. 그 거짓말로 이득을 보았다면 그 또한 구업이 아니고 무엇이랴. 하얀 거짓말이 있다 하더라도 거짓말은 구업이다. 한 입으로 두말하여 이간질하는 것이 두 번째 구업이다. 대개 미성숙하고 의존적인 성향의 사람이 뒤에서 작업한다. 귓속말로 혐오를 담아 사이를 가른다. 사이를 가르고 한 편에 서서 자기편을 만든다. 자기편 내부의 결속을 위해 외부의 적만큼 탁월한 것은 없으므로. 남을 괴롭히는 나쁜 말은 세 번째 구업이다. 무시하고 간사하고 방탕하며 편벽된 말로 열등감을 보상한다. 진실 없이 교묘하게 꾸민 말이 마지막 구업이다. 입으로는 아름다운 말이 나오지만 진실이 없다. 구업은 모두 미성숙함에서 나오고 미성숙함으로 지속된다. 구업을 행하는 자와 희희낙락하는 것도 구업을 짓는 일이다.

말이 많으면 퉁어리적어지는 것은 당연하다. 할 말이 많지만 하지 않을 때가 많다. 침묵할 때가 많아서 말로 짓는 구업은 적을지 모르겠다. 거짓말을 하지 않고, 이간질은 신경세포가 거부하며, 남을 괴롭힐 까닭이 없고, 교묘하게 꾸미는 말을 아름답게 여기지 않을뿐더러 싫어하니 되도록 구업을 짓지 않으려 했다. 허나 간간이 글을 쓰니 의도치 않게 문업(文業)을 지을 수는 있겠다. 묵언으로 끝내지 못하고 하고픈 말을 글로 정리하며 풀어내니 절필도 어렵다. 좋은 건 좋다 하고 싫은 건 싫다 한다. 옳지 않음을 미워하고 미성숙함을 꺼려하고 이기적인 행동도 싫어한다. 말로는 할 말을 다 못하지만 글로는 하고 싶은 말을 쓴다. 마이크는 잡지 않았으나 펜은 든다. 문업을 짓지 않도록 구업의 기준으로 경계석을 세워둔다.

(2019년)

흉허물 없는 사이

흉은 상처가 나은 자리에 남는다. 흉이 남아있다는 것은 상처를 입었다는 또렷한 표시이다. 작은 상처는 흉 자국을 남기지 않지만 제법 큰 상처는 흔적을 남긴다.

얼굴에 남은 흉은 눈에 잘 띈다. 흉을 감추기 위해 머리카락을 기르고 턱수염을 기르고 화장을 하고 형편만 되면 병원에 간다. 그도 안 되면 오래된 흉을 갖고 산다. 몸에 남은 상처가 드러나듯 마음의 상처가 밖으로 보인다면 우리는 어떤 모습일까? 울퉁불퉁한 상처들, 거듭 반복된 상처들, 아물었다가도 유사한 상황을 맞닥뜨리면 프로그램의 실행 버튼을 누르듯 재현되고 덧나는 상처들, 채 여물지 못한 상처들이 눈에 띈다면…. 처참한 상처들이 몽땅 드러난다면….

톨스토이가 『안나 카레니나』에서 '행복한 가정은 모두 엇비슷하고 불행한 가정은 불행한 이유가 제각기 다르다'라고 하였다. 행복한 가정에서 자란 사람은 큰 상처 없이 살지만 불행한 가정에서 자란 사람은 여러 가지 이유로 상처를 받기 마련이다. 따뜻함과 인격적 성숙, 편안함과 충분한 보호, 이해와 사랑이 넘치는 집에서 모두 자라는 것은 아니잖은가.

어떤 부모는 병이 들어 자식을 건사하지 못하기도 하며, 어떤 부모는 일하느라 눈코 뜰 새 없이 바쁘게 살고, 어떤 부모는 자신의 감정에 휩싸여 자녀를 제대로 돌보지 못하기도 하고, 어떤 부모는 자신의 꿈과 현실 사이에서 한숨짓고 고군분투할 수 있으며, 어떤 부모는 헤쳐 나가야 할 숱한 문제를 가지고 있을 수 있다. 어떤 부모는 공부 잘하는 자녀를, 어떤 부모는 일을 하고 돈을 벌어서 가족에게 헌신하는 자녀를, 어떤 부모는 자녀를 편애하면서 몇몇을 희생양 삼는다. 대개 자녀도 부모의 뜻대로 자라주지 않는다. 부모 애간장 태우며 자라는 자녀도 많고 부모의 눈물과 한숨으로 자라는 자녀도 드물지 않다. 자녀와 부모의 꿈이 다르고 가치관이 다르고 지향점이 다르면 자녀도 부모도 힘에 부친다. 모든 가정이 사랑으로 집을 가득 채우는 것은 아니다. 자녀에게 서운함을 느낀 적이 없는 부모도 없고 부모에게 속상함을 느낀 적이 없는 자녀도 없다. 그러므로 누구나 상처받을 수밖에 없는 상태로 존재한다. 그야말로 피투성(被投性) 상태로 존재한다. 세상으로 던져짐을 당한 것은 부모도 자식도 매한가지다. 다만 흉 자국을 낼 정도로 크거나 오래 지속되는 상처를 주었느냐 아니냐의 차이가 있을 뿐.

굳이 흉이 될 수도 있는 상처를 드러낼 때는 친밀해졌다고 느끼거나 인간적인 존중을 기대할 때이다. 약점이랄까 흉이랄까 상처를 드러낸 후에 당혹감과 후회와 실망감에 자책해 본 사람은 안다. 섣불리 상처를 내보일 일이 아니라는 것을. 경험하지 않고 이해하기란 어려운 일이다. 그 상황에 처하지 않으면, 자신이 겪지 않으면 알아도 다 아는 것이 아니다. 강풍에 휘청해봐야 그 강도를 알고, 서러움도 겪어봐야 그 정도를 안다. 아는 사람만 안다.

흉허물 없는 사이는 하루아침에 이루어지지 않는다. 사회성이 좋아서 친밀감을 빠르게 형성하는 것과 다르다. 여러모로 좋게 좋게 두루뭉술하게 지내는 것과 다르다. 흉허물을 드러내도 좋은 사이라는 것은.

흉허물 없는 사이가 되기 위해서는 오래 보아야 한다. 오래라는 기준은 최소 10년은 되지 않을까? 오랜 시간을 함께한 사람이라야 비로소 흉허물 없는 사이가 될 여지가 있다. 오래 함께 했다고 모두 흉허물 없는 사이가 되지는 않는다. 오히려 오래 함께 했기에 도저히 이해할 수 없는 사람이 있고 결코 교집합이 넓어지지 않는 사람도 있다. 이기적이거나 자기중심적이거나 성숙해지지 못하는 사람이 있고 성찰이 되지 않은 사람도 있으니까(성찰에는 어느 정도의 지적 능력이 필요하다. 실제로. 자신의 상처를 아는 사람은 굳이 남의 상처를 들추어내서 흉을 보려고 하지 않는다. 뭐 아름다운 거라고. 뭐 대단한 거라고. 누구나 상처를 받았고 누구나 상처의 흔적을 가지고 있는 것을. 뭐하려 헤집고 뒤집고 샅샅이 들추고 찾아내어 흉을 볼 일인가.)

흉허물 없는 사람이 되기 위해서는 흉이 어떻게 생겼는지 그 역사를 아는 사람이어야 한다. 단순히 오래 얼굴을 알았다고 삶의 역사를 아는 것은 아니다. 언제 어디서 어떻게 넘어졌는지, 누구와 부딪히고 얼마나 깨졌는지, 얼마나 엎드려 울다가 일어섰는지 지켜본 사람이어야 한다. 어떻게 넘어졌고 어떻게 일어섰는지 알면 흉을 볼 수 없다.(그리고도 흉을 보는 사람은… 흉을 보는 사람은 대개 거의 모든 사람을 대상으로 흉을 본다. 세상을 보는 창이 그러하니 나만 예외일 리 없다. 어떻게든 흉을 찾아내는 능력이 계발되었고 발달해온 사람이다. 수십 년을 그리 하였으니 쉽게 멈출 리 없다.) 그래야 비로소 흉허물 없는 사이가 된다. 상처를 애써 가리지 않아도 되는 사람이 된다.

흉허물 없는 사이가 되기 위해서는 적당한 거리와 존중이 필요하다. 오래 보고 형편을 안다고 해서 불쑥불쑥 남의 마당에 들어서고 남의 방문을 벌컥 열지 않는다. 가까운 사이라도 지켜야 할 경계가 있고 예의가 있다. 상대방을 존중한다는 것은 자기 맘대로 상대방을 대하는 것이 아니다. 친밀하고 이물 없는 사이라도 지켜야 할 선이 있는 법이다. 경계가 있음을 알고 그 경계를 존중하는 사람이어야 한다. 대문 밖에서 이름을 부르고 기다리다가 인기척을 내며 마당에 들어서고 그래도 반응이 없으면 물러난다. 인기척 없이 뱀처럼 슬그머니 나타나는 것은 상당한 실례이고 이물스럽고 엉큼하기 짝이 없는 행동이다. 무례하고 교양 없고 신의가 없으며 존중이 없는 사람은 조심해야 할 사람이다. 대개 그런 사람들이 미성숙하고 가벼우며 말이 많다.

흉허물 없이 이야기할 수 있는 사람이 되기 위해서 가치관이 상당히 중요하다. 궁극적으로 가치관이 맞아야 말이 되고 말이 들린다. 흉허물 없는 사이의 금상첨화의 조건이 가치관의 적합성이다.

농촌 공동체는 위 네 가지 조건 중 세 가지는 갖추었다. 오래 그 동네에서 수십 년 혹은 평생을 살았고, 그리하여 그 삶의 여정과 형편을 알았다. 오래 보고 상대방의 역사를 알고 존중하면 흉허물 없는 사이가 된다. 그가 무엇을 좋아하는지 그가 무엇을 소중하게 여기는지 그가 무엇을 희생하고 포기했는지 안다. 거기다가 뜻이 맞고 가치관이 맞으면 더할 수 없는 소중한 인연이 된다. 도반이라고 할까? 삶의 다양한 어려움을 함께 닦아나가는…. 그런 도반이 몇이나 될까. 이물 없는 사이란 얼마나 귀한가. 공동체가 해체된 작금에는 더욱더.

갈수록 가까이 둘 사람이 많지 않으리라는 예감이 든다. 흉허물 없는 사람은 몇몇만 남게 될 것이다.

(2021년)

좋아하는 사람이 생겼냐고요?

막내아들이 삼월 말에 군대를 갔다. 늘 같이 있던 막내가 군대를 가니 저녁시간이 허전하다. 퇴근 후 책을 읽는 시간도 줄었다. 딱히 손에 잡히는 일도 없어서 가까운 산책길로 나선다. 다시 무턱대고 걷자니 맹맹하다. 걸으며 늘 생각거리를 정리하는 것도 아니다. 무료함도 달랠 겸 음악을 들으며 걷는다.

예전에는 MP3를 들으며 걸었다. 충전기가 고장 난 이후 한동안 집 밖에서 음악을 듣지 못했다. 핸드폰으로 드넓은 음악의 세계가 연결되지만, 데이터 걱정으로 밖에서 음악을 자유롭게 듣지 못하는 나는 답답한 바보다. 작은 아들이 데이터 요금이 많이 안 나온다며 염려를 덜어준다. 신문물에 한해서는 그들의 조언이 필요하다. 부득이하게 예스럽고 좀 늦는 사람답게 레이트 머저리티(late majority)다. 문명을 수용하는 속도가 좀 늦다. 아들들이 쓰는 블루투스 이어폰을 하나 장만했다. 이어폰에 치렁치렁한 줄이 사라진 것은 여태 경험하지 못한 신세계다. 자유가 폭포수처럼 햇살처럼 쏟아졌다. 음악 앱에 가입하고 즐겨 듣는 플레이리스트도 만들어서 음악을 만끽한다. 자유롭게 음악을 들으며 걷다 보니, 살아온 더께가 한 꺼풀 떨어져 나가는 것 같이 상쾌하다.

오랜만에 만난 사람들이 좋아하는 사람이 생겼냐고 하나둘 물었다. 바로 대답이 나오지 않았다. 긍정도 부정도 못한다. 내가 좋아하는 것은 사실이니 부인도 할 수 없다. 긍정하는 냥 설핏 웃었다. 긍정으로 보였을까? 궁금증만 남겼을지도 모른다. 그렇다. 좋아하는 사람이 생겼다. 아주 오랜만이다. 실로 이삼십 년 만일 게다.

지난해 봄, 일박이일 출장 중에 동료들이 좋아한다는 음악프로그램을 같이 봤다. 그 후로 남자 넷이 부르는 크로스오버 음악들을 즐겨 보고 들었다. 어느새 남자들의 음역대가 듣기 편했다. 생전 처음으로 YouTube를 즐겨본다. 알고리즘이 유사한 음악을 당겨준다. 그들 음악은 어느 노래를 들어도 만족스러웠다. 그중 더 자주 찾는 음악들이 생겨났고, 여러 목소리 중 유독 멈춰지는 목소리가 생겼다. 많은 목소리가 섞여도 그 목소리는 또렷하게 들린다.

팬이 되었다. 명백히 팬이 되었다. 십 대 후반 때보다 더 깊이 빠져들었다. 누구에게 이토록 빠져들었던가. 쉬는 날은 하루 종일 음악을 보고 듣는다. 배경음악처럼 틀어놔야 맘이 놓인다. 평일에는 새벽 네다섯 시부터 그들 노래를 YouTube로 보고 있다. 점심시간을 포함해 출장길 운전 중에도 두세 시간을 블루투스 이어폰으로 노래를 듣고, 퇴근 후 대여섯 시간 음악을 보고 듣는다. 대체로 하루 절반가량 음악과 함께 한다. 한동안 못 들었던 노래를 마저 몽땅 듣겠다는 듯이. 비로소 몰입할 수 있는 일이 생겼다는 듯이.

언제 이만큼 좋아한 사람들이 있었을까. 언제 이만큼 만족스러운 일이 있었을까. 언제 이만큼 편안한 시절이 있었을까. 단출한 일상 속에 화음이 가득 채워지는 충만감을 느낀다. 하나하나의 음들이 쌓여서 아름다운 탑을 쌓고, 하나하나의 음들이 조화를 이루어서 사방에 꽃잎처럼 흩어진다. 보고 있노라면 기쁘고, 듣고 있노라면 즐겁다. 그들이 어여쁘고 좋다. 내게 그들은 별이다. 그들은 북극성처럼 늘 그 자리에서 음악을 들려주고, 샛별처럼 가장 이른 저녁부터 가까이에서 빛나며, 시리우스처럼 가장 밝은 빛을 낸다.

나의 스타는 심연을 건드리는 음색을 지녔다. 짙은 목소리가 잔잔한 위로와 깊은 울림을 준다. 무엇보다 그 목소리에는 거슬리는 구석이 없다. 아무리 들어도 거슬리는 순간이 없다. 날카로운 금속성이 없고 쨍하고 갈라지는 거침이 없다. 부드럽고 진하되 힘이 있다. 사나움이 없고 다정하다. 진중하고 사려 깊다. 기쁨과 사랑, 즐거움과 슬픔, 위로와 희망이 목소리에 가득 담겨있다. 그 목소리에 웃고, 그 목소리에 위로를 받는다.

워낙 음악을 좋아한다. 평생 가장 좋아한 일 중 하나가 음악을 듣는 거다. 라디오를 켜며 아침을 시작했고, 휴대용 카세트(마이마이)를 늘 가지고 다녔고, MP3를 들고 다녔다. 좋아하는 음악 장르는 그때그때 달랐지만 늘 음악은 옆에 있었다. 라디오 없이 산 시절도 없고, 음악을 듣지 않고 산 세월도 없다. 책을 읽을 때도 나직이 라디오를 틀어놓았고, 일을 할 때도 카세트테이프든 CD든 틀어놓았다. 청소를 하다가 춤을 추었고, 운전을 하면서 노래를 불렀다.

공자는 『논어』 태백편에서 "흥어시(興於時) 입어례(立於禮) 성어락(成於樂)"이라고 하였다. 『시경』에서 뜻을 일으키고, 예를 배워 뜻을 확립하고, 음악에서 뜻을 이룬다고 한 것이다. 음악을 좋아하는 사람이 기댈 아름다운 문구다.

나도 그 문구에 기댄다. 시에서 사람 사는 도리를 알고, 예를 갖춰 나와 타인과 사회를 대접하며, 음악에서 삶의 완성을 기대한다. 중년이 넘은 여성이 무슨 대단한 야망이 있을 까닭도 없다. 평생 좋아했던 음악을 좋아하면서 살아가면 그뿐. 즐길 음악이 있으니 앞으로의 삶도 괜찮을 것 같다. 좋아하는 목소리를 찾았으니 꽤 오래 즐거운 인생을 살 수 있을 것 같다. 흥얼거리고 때로 춤추고 가끔 창밖을 바라보며 살 것 같다. 그들 콘서트 맨 앞줄에 앉아 크게 박수치고 맘껏 환호할 날을 기다린다.

(2021년)